北京市科学技术委员会
科普专项资助

对话海上丝绸路

李　杰　主编

北京航空航天大学出版社
BEIHANG UNIVERSITY PRESS

内容简介

"21 世纪海上丝绸之路"既是一个极其宏大的话题,又是国家的顶层战略。它是怎么来的?将会产生怎样的深远影响?又会遇到什么样的艰巨挑战?面对这个世纪话题,本书收录了国内在相关研究领域的 9 位知名专家的精彩对话,主要涉及"丝路史话""海上丝路""地缘战略""法律空间""地理空间""安全保障""坚强后盾"以及"安保新模式"八个方面;专家们见解独到,分析透彻;谈话内容深入浅出,有理有据,精辟到位;相信在诸多方面都会使读者耳目一新,眼前一亮。为了能使读者有更全面的了解,本书还添加了许多"延伸阅读"等知识链接和不少精美图片,能收到图文并茂、相得益彰的效果。

图书在版编目(CIP)数据

对话海上丝绸路 / 李杰主编 . -- 北京 : 北京航空
航天大学出版社,2017.6(2020.8重印)
ISBN 978-7-5124-2431-9

Ⅰ.①对… Ⅱ.①李… Ⅲ.①海上运输—丝绸之路—中国—青少年读物 Ⅳ.① K203-49

中国版本图书馆 CIP 数据核字(2017)第 120219 号

对话海上丝绸路

李 杰 主编

责任编辑 赵延永

*

北京航空航天大学出版社出版发行

北京市海淀区学院路 37 号(邮编 100191) http : //www.buaapress.com.cn
发行部电话:(010)82317024 传真:(010)82328026
读者信箱:goodtextbook@126.com 邮购电话:(010)82316936
保定市正大印刷有限公司印装 各地书店经销

*

开本:710×1 000 1/16 印张:10 字数:179 千字
2017 年 6 月第 1 版 2020 年 8 月第 2 次印刷
ISBN 978-7-5124-2431-9 定价:48.00 元

编委会

前　言

　　早在 2014 年年底，即我国提出共建"丝绸之路经济带"和"21 世纪海上丝绸之路"（"一带一路"）倡议后约一年之际，我就敏锐地感觉和深刻认识到："一带一路"倡议虽然提出的时间不长，但已日渐得到沿线越来越多国家和国际组织的认同和支持，他们广泛积极地参与，且发挥了越来越重要的作用。如今，经过 4 年不断深化的政策沟通、不断加强的设施联通、不断提升的贸易畅通、不断扩大的资金融通和不断促进的民心相通，当年的那份倡议已不再是中国人自己的"独门秘籍"，早已成为"人类命运共同体"开放包容、互学互鉴、互利共赢的集体财富；它将不再只是中国建设与发展的重大国策，而是逐渐演进为全世界、全人类迈向未来的共享战略。可以说，"一带一路"战略和宏伟蓝图，今后将更加快速地从理念转化为行动，从愿景转变为现实；既具有重大的现实意义，更具有创新的指导意义。

　　面对这样一个千载难逢的伟大机遇，究竟如何把握机遇、抓住机遇？应该做出怎样的贡献？这是当今中国人无法回避、必须回答的问题。对于长期从事海洋、海军、海权等涉海议题的我来说，更是一个值得深入思考、渴望积极参与的重大命题。一段时间以来，我努力寻求切入点，很多情况下都会油然而生地想到了"21 世纪海上丝绸之路"上沿途国家众多港口和繁忙海上航线；我的眼前时常会浮现无数先辈扬帆远航、穿越惊涛骇浪、闯荡出连接东西的海上丝绸之路的宏大场景；脑海中不时显现 15 世纪初明代著名航海家郑和七下西洋的伟大壮举……对啊，不妨约些在战略、海洋、航海、地理、海权等方面有见地的专家学者，来个"群贤毕至、精英荟萃"，让他们集思广益、畅所欲言，碰撞出一些思想的火花，争论出各种有效的建议，为推动"21

世纪海上丝绸之路"发展献计献策，为建设海洋强国呐喊助威。

　　鉴于此，从 2015 年 3 月开始，我首先征得国内知名网站——搜狐网"军事历史"栏目的支持，开设一个全新话题栏目"对话海上丝绸路"；紧接着，与各位知音贤达筹划选题方向，反复磨合内容，当然最重要的工作是聘请各方学有专长的"大咖"。各个专家工作繁忙，聚集不易。由于各种原因，对有的专家的邀请何止"三顾茅庐"，甚至达到了"五顾茅庐"！在这些被邀请的专家中，有著名军事战略专家、军事科学院的彭光谦少将，军事地理学专家、国防大学的沈伟烈教授，著名海洋法律专家、社会科学院学部委员刘楠来教授，地理空间信息专家、中国科学院的王英杰教授，史学专家萨苏先生，以及海上安保专家、中军军弘集团总经理吴国华先生。此外，我也邀请了几位在相关领域崭露头角的年轻新秀，如舰船问题研究专家崔轶亮老师，深受媒体喜爱的军事研究学者魏东旭老师等，真正达成"长少咸集，群英荟萃"。

　　这本对话集的付梓出版，必会涌出更多精辟见解和大量奇思妙招。果真如此的话，将主要得益于上述专家学者"众人拾柴"，而我只是起到穿针引线和筹措组合的作用罢了。还值得一提的是，赵延永编辑在此前后的精心编辑和妙笔润色，也功不可没。

李志

2017 年 5 月

目　录

　　"丝绸之路"的说法虽然是德国地理学家李希霍芬于19世纪末提出的，但是"丝绸之路"不仅早已存在，对于整个中国历史的兴衰变化有着意想不到的积极意义，而且对于中外交流，尤其是古老的中华文化与欧洲的希腊文化、阿拉伯文化的碰撞与融合起到了不可忽视的重要作用。与不少人的"常识"不同的是，"海上丝绸之路"与"陆上丝绸之路"差不多是同时出现的。

　　"陆上丝绸之路"伴随着汉武帝开疆拓土的千古伟业而发展壮大，"海上丝绸之路"则是明成祖雄才大略的最佳注脚。如今，中华民族经过百年艰苦卓绝的奋斗，终于踏上了复兴的康庄大道。新时代呼唤思路，新思路呼喊新战略，新战略呼唤新通道。古老的"丝绸之路"在新时代以前所未有的崭新面目再次亮相世界，并承担起其新时代的神圣使命。

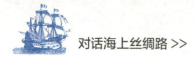

一个国家的地理位置是"天生"的，无法改变。然而，根据自己的地理特点营造有利于国家发展的态势则取决于治国者的智慧，此即所谓天时不如地利，地利不如人和。在全球化的今天，国家的地缘战略远不止简单的"远交近攻"，而是必须放眼全球，必须把茫茫大海纳入地缘政治的范畴。

"一带一路"是攸关中国改革开放大局的重大战略构想，但"一带一路"的建设不可能一蹴而就，具有复杂性和长期性，需要多方面的保障，而法律就是其中必不可少的一项。

自古以来，"海上丝绸之路"与"陆上丝绸之路"一样，不但沟通了东西方之间的贸易和友好往来，而且推动了东西方经济与文化的交流，为世界文明和财富的发展做出了杰出的贡献。今天，我们提出"一带一路"倡议，其实更多是一种借助区域合作的平台，来发展我们周边的经济合作伙伴关系，与我们地理范畴和国际关系上的空间概念并不相同。

作为贸易之路、交流之路的"海上丝绸之路"并非一路坦途，而是潜伏着种种安全隐患，沿途国家的内战，沿线海域的海盗，不同民族的文化差异，都可能导致严重的后果。安全保障是我们必须考虑的重要因素，甚至是"海上丝绸之路"畅通的必要条件。

疆域广大的中国在近代却被来自海上的列强欺凌，拥有强大的海军是几代中国军人的梦想。然而，海军的强军之路漫长且艰辛，甲午海战使大清王朝费劲心血经营的北洋海军灰飞烟灭，抗日战争再度使本来就孱弱的中国海军片甲不留。中华人民共和国成立后，几代海军人卧薪尝胆，艰苦奋斗，终于建立了颇具规模的海上力量。如今，"海上丝绸之路"的开辟，给我国海军提出了新的挑战，而海军也迎来了新的发展机遇。

"一带一路"是攸关中国和平崛起的重大战略构想，推进"一带一路"战略势必带动大量的中国企业和人员走出去。对"一带一路"沿线国家和地区的政治安全环境进行分析和研究，以及评估涉外企业的安保风险，探讨建设企业安保体系等都已成为我国推进"一带一路"战略的必谋之举。

第一章

丝路史话

李杰研究员

萨苏

　　"丝绸之路"的说法虽然是德国地理学家李希霍芬于19世纪末提出的，但是"丝绸之路"不仅早已存在，对于整个中国历史的兴衰变化有着意想不到的积极意义，而且对于中外交流，尤其是古老的中华文化与欧洲的希腊文化、阿拉伯文化的碰撞与融合起到了不可忽视的重要作用。与不少人的"常识"不同的是，"海上丝绸之路"与"陆上丝绸之路"差不多是同时出现的。

？　最早的"海上丝绸之路"始于何时？在秦汉有何具体表现特征？

　　萨苏：早在秦汉的时候，"海上丝绸之路"就已经形成了。在云南发现了从申度来的战国时代的手杖，申度就是印度。这个手杖是怎么来的？当时翻越喜马拉雅山的可能性不大，因而可能是通过海路辗转而来的。更主要的历史证据出现在广州。现在如果去广州参观南越王赵佗宫殿的遗址，会发现这个宫殿遗址只挖了一大半，没有继续挖掘下去，原因是什么呢？因为宫殿下面是一个造船厂的遗址，没法发掘了，只能进行遥感监测，结果发现下面至少有三个长达100米的木制船台，这就意味着当时造80吨到100吨的海船是可能的。这说明中国在那个时候已有能去南

西汉南越王博物馆

海活动的船只。中国当时在海上活动能力确实也很强。举个例子来说，战国时的吴国就曾经有舰队从江苏出去一直打到山东；当时吴王夫差的坐舰叫玉皇号，已经能够进行海上的远程作战。这些都说明在秦汉时期与南洋的贸易已具备了一定的规模和能力。

李杰：现在史学界很多学者已达成了比较一致的看法："海上丝绸之路"形成于秦汉时期，发展于三国时期，隋朝、唐朝、宋朝，尤其唐宋时期是最繁荣发达的阶段；而到了明清时期就开始转折了。刚才萨苏老师也提到了秦汉时期，特别是传说当中徐福东渡，一次带走了3 000童男童女，包括许多木匠、工匠，以及谷子、种子等。如果真是那样的话，当时的船舶肯定能载很多人，有一定规模和尺寸了。

徐福像

在三国魏晋南北朝特别是东吴时期，我国与海外多国都有大量的贸易往来，这是否可称为"海上丝绸之路"的一个重要阶段？

萨苏：魏晋南北朝阶段，"海上丝绸之路"得到了更大的发展，主要是因为像东

吴这样的国家与西域之间的交通被断绝。但是丝绸一直是我国出口的大项，也是国家的重要收入，所以要开辟一个新的航线或者一个新的道路来进行东西方贸易。当然，这种贸易在当时应该还是一种转口贸易，就是指东吴与东南亚地区贸易中，货物送到东南亚地区以后，由其他商人逐渐贩卖到西方去。在这个过程之中，体现了当时中国对海权的重视。比如说，吴国当时曾经派舰队首先对夷洲（现在的台湾）进行了开发，等于在东海和南海之间取得了航海前进的据点。这一点是东吴的一个很重要的贡献。魏国当时的航海能力也不差，日本曾发现一个倭奴国王金印，这个金印是魏国颁发给日本国王的印信。它是怎么到日本的呢？肯定是航海送过去的。这不仅体现了当时日本与魏王朝之间的臣属关系，而且说明了当时中国外海航海的能力。

李杰：东吴的孙权曾派中郎将秦伦、朱印率海上船队到了东南亚和南海南部一带。这支船队回来后还各自写了一本书。中郎将秦伦写的这本书叫《扶南异物志》，朱印则写了《南国诸事论》，后来中郎将的这本书失传了。但是朱印这本书流传了下来，有些章节还被《水经注》等一些比较有名的著作引用。我们都知道三国时期的东吴孙权进行了相当激烈的陆上作战，还进行了赤壁之战等一些湖泊之战；其实，当时东吴对于海上作战和行动还是比较重视的。

孙权像

？ 我们知道，隋唐五代海上交通进一步发展，大港不断涌现，"海上丝绸之路"是不是走得更为通畅了？

萨苏：隋唐时期，"海上丝绸之路"显然有更大的发展。当然从史料上看，会发现有一个有趣的现象，这个时期对于海洋的重视不如后来的宋朝。原因是唐朝非常强大，它的西部边境已经到达了中亚、西亚，"陆上丝绸之路"非常畅通，"海上丝绸之路"相对来说不是那么重要，但是它的海上力量还是非常强大的。唐朝当时在整个东亚地区称霸于海上。为什么这么讲？因为当时在东亚地区也有其他海上强国，比如日本，在白村江海战等一系列海上战斗之中都是唐军取得了胜利，后来日本的学者考证了这件事情后认为，中国当时的造船技术远远领先于亚洲其他国家。当时中国的船舶是用松香弥缝的，使用铁钉的数量也远远多于日本。双方的船只在海战中相撞时，对方的船一下就散架了，而唐朝的船舶坚固，不易散，海战之中具有优势；于是，唐朝在亚洲地区成为海上霸主，并垄断整个地区的贸易。

李杰：隋唐时期尤其唐朝时期很重要一个标志是，港口城市发展得比较快，而且数量也在逐渐增加，规模也有所扩大，比三国魏晋南北朝时期有明显的发展。隋唐时期，南方沿海的各个港口城市都相继发展成形，比如像广州、杭州、福州，还有宁波等地，以及后来的特别是元代时期成为主要的对外通商港口和"海上丝绸之路"起点的泉州，在唐朝末期都已经开始有了比较突出的发展，成为走向"海上丝绸之路"

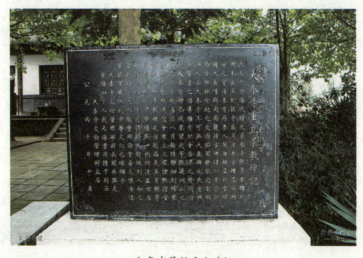

大秦寺景教重立碑记

5

的一个很重要的基础。事实上，只有沿海的各港口城市发达了，出海的人多了，港口多了，来往贸易多了，"海上丝绸之路"才会越来越繁荣，越来越旺盛，越来越发达。

萨苏：同时，唐朝四国史司开始出现。这些唐朝的官吏向世界各国商人征收税负，并且帮助他们办理出入港等事项，以至于当时世界上很多人对此留下深刻印象。后

延伸阅读

玄奘取经与《西游记》

公元596年，一位名叫陈祎的洛州缑氏(今河南偃师缑氏镇)人出生在一个信仰佛教的人家。少年时代，他就痴迷佛学，十三岁当了和尚。后来，陈祎游历了四川、湖北、河南、河北等地著名寺院，虚心向佛学大师求教，学习佛教经典。随着学问越来越渊博，他也越来越不满足，决心到佛教的发源地印度去学习。当时，走陆路去印度，必须经过甘肃、新疆，越过帕米尔，绕过中亚细亚，还有茫茫无际的大沙漠，横亘千里，要到达印度很难实现。但是，法名玄奘的陈祎毫不畏惧，于公元628年，从京城长安向西出发。他先到了凉州(今甘肃武威市)，后到了瓜州(今甘肃安西县)。随之，又到了伊吾国和高昌国。在高昌国，他受到盛情款待，高昌王还给要经过西域24个国家的国王写信，协助迎送玄奘高僧。在沿途国王的帮助下，玄奘历尽千辛万苦，先后翻过了天山山脉的冰达坂，又闯过了大雪山。公元629年夏末，经过一年多的跋涉，他终于到达印度。

玄奘先在北印度一些国家游学，后又到中印度游历了30多个国家。中印度是当时佛教学术中心，玄奘在驰名世界的那烂陀寺，向印度佛学权威戒贤法师潜心求教修学了5个年头，通晓了全部经论，成为学问极高的佛学大师。接着，他又到印度其他一些国家，认真阅读各国藏书，向各国高僧请教。公元645年正月，玄奘回到了阔别近20年的长安，带回了675部佛经。其后，他在慈恩寺译经院专心译经，并从各地挑选了一批高僧、学者，参加这一工作。前后整整用了19年时间，共译出佛经75部，1 335卷，1 300多万字，在中

来高罗佩写《大唐狄仁杰断案传奇》时，专门把狄仁杰放在山东登州，让他在那里负责海贸，其实历史上狄仁杰没有干过这事。为什么设计这样的情节？因为唐朝当时的海贸太有名了。

国翻译史上具有划时代的意义。他还口述撰写了长达12卷的《大唐西域记》，记述了他经历的110个国家和传闻的28个国家的历史、风土、人情、宗教、地理、物产等情况，是研究印度、尼泊尔、巴基斯坦、孟加拉国，以及中亚等地古代历史地理、政教民情的重要文献。

后来，玄奘的弟子慧立、彦琮，根据他口述的西行见闻，并在《大唐西域记》12卷的基础上，撰写了《大唐大慈恩寺三藏法师传》，为玄奘的经历增添了许多神话色彩；从此，唐僧取经的故事便开始在民间广为流传。此后历朝历代，相继有南宋的《大唐三藏取经诗话》，金代院本的《唐三藏》《蟠桃会》，元杂剧的《唐三藏西天取经》、无名氏的《二郎神锁齐大圣》等著述问世。吴承恩正是在民间传说和话本、戏曲的基础上，经过艰苦地再创造，完成了《西游记》这部令中华民族为之骄傲的伟大文学巨著。

《西游记》

？ 宋朝尤其是南宋时期海上贸易非常繁荣。据统计，"海上丝绸之路"的贸易收入曾达到国家收入的一半左右，这对于对抗蒙元起到什么样的作用？

萨苏：在"丝绸之路"方面，宋朝应该是一个贡献非常大的王朝。它具备两个条件：一个条件就是造船技术大大提高。宋朝造船技术在当时的东亚地区是领先的，以至于它的王朝受到北方入侵的时候，经常跑到海上去，形成所谓海上的行朝。能把一个朝廷搬到海上去，它的船舶无论是舒适性，还是航行及抗风浪方面的能力，都具有相当高的水平。

另一个条件是宋朝得到了大批航海人才，一方面是宋朝自己培养航海人才，另一方面就是当时有很多外国的贸易人才到达中国。比如一些阿拉伯人来到宋朝的泉州、明州等地，现在还可以看到他们的留下带有宗教色彩的祭祀寺庙。在欧洲有一个基督教的分支景教受到迫害，整个动迁；后来也在东南沿海发现了景教最后的踪迹。很多从欧洲过来的人到达中国后，发现宋朝这么富饶，而且它的很多物品非常适合于与欧洲贸易。宋朝在地理上出现一个局限，始终没有控制西北，也就是没有控制"丝绸之路"陆上这一段，于是只能从事海贸。到南宋时候，当时它的收入差不多一半都来自于海贸税收。这时候就出台了一系列政策，比如规定商人要是出去做贸易的话，可以一年之内不用登记户籍；如果一年之内回来还是宋朝的子民，当然要是一年之内不回来，回来要重新注册等一系列政策。

当时，南宋和蒙元进行了激烈的战争，需要大量战争经费，来自海上的一半的收入对于王朝的支撑非常重要。当时南宋一年的年入超过一亿贯，但是明朝时的收入大概只有两三千万贯，也就是说南宋海贸这"半壁江山"的收入能达到明朝的3~4倍。这是中国历史上从来没有过的事情，说明当时"海上丝绸之路"贸易给宋朝带来相当繁荣的经济。

李杰：偏安一隅的宋朝特别是南宋朝廷，它的地理位置在中国南部，但却得天独厚，东部毗连海洋，具有实施大规模海上贸易的先天条件。更重要的是，中国的南部地区处于热带、亚热带，这里的人们更熟悉海洋，更倾向于走向海洋，利用海洋，贸易于海洋。这也是广东、福建和江浙这一带地区的华侨华人比较多，渔业海产比较发达的原因。这些先天条件应该说极大地促进了宋朝，特别是南宋朝廷海上贸易的繁荣与发展，刚才说到其海贸占了国家收入的一半左右，就是最好的例证。尽管南宋时期的军事力量要比蒙元差很多，但是其经济实力却是数一数二的。这就形成中国历史上的一种奇葩现象：经济强大，但军事实力比较弱，遇到外敌入侵时常常不堪一击。

中国丝绸

? **有新的理论认为，由于十字军东征的破坏，导致南宋海上贸易失去了西方的市场；蒙古军西征，东线巴格达摧毁了阿巴斯哈里发帝国，也使得南宋的海上贸易受损。这一系列事件最终导致了南宋王朝走向了衰亡。"海上丝绸之路"对于当时的东方王朝的荣辱兴衰起到了哪些作用？**

萨苏：应该说南宋王朝的衰亡是各种各样的原因造成的。比如说，尽管最后它灭亡了，但是它抵抗蒙古元军50多年，超过了当时周围任何一个国家的抵抗时间。在当时的那种装备情况之下，也是"文明抵不过野蛮"。它的经济遭到破坏也是很明显的事情。贸易额下降，主要是它的贸易伙伴先后遭到了毁灭性的打击。当时南宋真正交易的对象是欧洲。当时欧洲需要大量的中国产品，一件丝绸衣服的价格与黄金是等同的，利润非常高。但是，如果想到达欧洲必须通过地中海东岸，也就是耶路撒冷一带和小亚细亚，而这些地区当时均陷入了战乱之中。一方面是从西方来的十字军连续发动多次东征，对当时的东亚地区特别是近东地区破坏非常严重。很有意思的是，十字军东征明明说的是要去打异教徒，结果却打了同样信仰基督教的东罗马帝国，而东罗马帝国正是南宋重要的合作伙伴，所以对南宋有重要影响。另一方面，来自东方游牧民族王朝也对世界贸易的枢纽地区进行了掠劫性的攻击，这就是当时拔都的三次西征：第一次和第二次没有打到地中海岸边，第三次却一直打到地中海岸边，把叙利亚灭亡了，差一点也把埃及打掉了。打到这种程度，南宋与欧洲的贸易全都失去了，这显然对其衰亡起一定作用。

李杰：南宋灭亡有多种多样的原因，刚才说到十字军东征，还有蒙古人的西征。十字军东征肯定是一个非常重要的原因，因为在近 200 年的历史上进行了多次，对当时的民生、对当时的贸易、对当时政权的稳固，肯定都会产生比较大的影响。南宋王朝的灭亡，归根到底还是它腐朽的制度以及用人不当，当然与经济也有很大的关系，多少有一点釜底抽薪的意思。

萨苏：时间上可以看出来，1260 年第三次西征，耶路撒冷被攻占，而南宋灭亡于 1279 年，前后相差约 20 年。这中间可以说存在一定的联系。

？ 我们谈了这么多宋朝"海上丝绸之路"的历史，接下来再谈一谈元代的情况。元代在"海上丝绸之路"历史上扮演着怎样的角色，又发挥了怎样的作用？

象鸟

萨苏：元代初期，对于"丝绸之路"应该是破坏的。作为一个游牧民族建立的王朝，元朝对于经济贸易并没有太大的兴趣，所以在世界各地它都基本是一个贸易的破坏者。但是，建立了王朝以后就不一样了，它把当时的人分成四等，蒙古人、色目人、汉人和南人，大量用了色目人，也就是当时善于进行贸易的阿拉伯等民族的人，让他们帮助自己获得财富，这些人是主张海贸的。在元朝，整个贸易通道又重新被打通，远航到阿拉伯半岛等地已不是什么稀奇的事情。《马可·波罗游记》里面的事情，到底哪些是真的，哪些是假的不好说，但他在元朝任职多年之后最后怎么回到欧洲的呢？他是随三个使臣一起送一个公主经阿拉伯半岛到欧洲去和亲。我曾到欧洲有关地方查证，这三个使臣确实存在，送公主去和亲这件事情也确实存在，就是从海路走的。此外，书中还讲到忽必烈派人到海上寻找大鹏鸟，目的地是哪里？是非洲的马达加斯加。最后去了没有，不太清楚，因为回来禀报的将军没有抓到大鹏鸟，只拿回了一根大鹏鸟的羽毛，这根羽毛的长度有一条小艇长，很吓人！他们真的去那儿了？所谓大鹏鸟的原形是马达加斯加岛上的象鸟，象鸟没有那么长的羽毛。有人推测他没有到达马达加斯加，而是到了东南亚某地，把一根棕榈树的树叶砍下来晒干了，冒充羽毛回来蒙骗忽必烈。

李杰：这是一个很有意思的故事。元朝前期，横征暴敛、四处征战，拓展范围远比今天大。虽然初期对贸易没有什么益处，但是某种程度上却让贸易航迹到达世界各地，特别是像中东、近东和非洲东岸一线的地方。与元朝贸易通商的国家大约有140个，今天与我国有贸易往来的国家也就是180、190个，所以当时来往的地区、进行的贸易量是非常大的。这足以证明，尽管当时未必想到要促进海上贸易或者拓展一条"海上丝绸之路"，但是客观上促进了陆上贸易和"海上丝绸之路"贸易，这是比较符合当时经商贸易思想的，找到了一条用今天时髦的说法就是"对外开放"的道路。

？ 提到"海上丝绸之路"的历史，有一个人肯定绕不开，那就是郑和。郑和七下西洋对于"海上丝绸之路"产生了哪些巨大的影响？这个壮举的终止又对"海上丝绸之路"带来哪些破坏性的影响？

萨苏：郑和下西洋的壮举是对"海上丝绸之路"极大地推进，或者说他使"海上丝绸之路"达到了历史的顶峰。因为在郑和下西洋的时候带领的是两万七八千人，包含大量军队的这样一支船队。这个船队把从太平洋到印度洋海域上的海盗全部剿灭，而且有一些王朝反对进行通商贸易，郑和也会用军事手段迫使它去接受。实际上，郑和通过下西洋打通了中西方的贸易关口。

郑和前三次下西洋都是以印度的古里为贸易中心。古里是当时世界东西方的贸易中心。第三次下西洋时，永乐大帝朱棣告诉郑和继续往西走，越过古里继续朝前走。最初，为什么越不过古里呢？一个重要的原因是锡兰的亚里库乃尔王朝阻挠这件事

情，最后郑和在亚里库乃尔王朝将其国王和王子都抓起来了，征服了亚里库乃尔王朝。据说，当时他们试图对郑和船队进行奇袭，但是历史事实已经无法考证，档案被烧掉了。郑和船队第四次下西洋直接到达阿丹和天方，阿丹即今天的亚丁港，天方是红海里的港口。这说明当时中国完全打通了到西欧的贸易通道，这一点郑和是很了不起的。

李杰：郑和从 1405 年到 1433 年 20 多年间七下西洋，对各国人民，包括中国人民、东南亚、南亚和非洲这些国家人民影响最大，使其思想得到巨大的升华。我们一提到郑和七下西洋或者对"海上丝绸之路"贸易的这种影响，无论是今天的中国还是周边一些国家的人，都感觉到这是件很伟大、很自豪的事。所以，我们的国力强大了，军力壮大了，更有必要进一步加强海上丝绸贸易之路，并将其继续延续下去。我国 2013 年提出这个重要的战略，如果没有郑和七下西洋壮举的话，没有历史的借鉴，没有历史的沉淀，没有对历史的反思，我们今天要是想把这个道路走下去，走辉煌，就不可能走得那么顺畅，就可能遇到更多的惊涛骇浪。所以，对今天的我们来说，它有着极其重要的借鉴与启迪作用和意义。

萨苏：郑和所走的这条道路后来繁荣了整个"海上丝绸之路"，因为他走过的一些地方本来并不特别繁华，比如说马达加斯加本来是一些偏僻的小港，由于郑和的船队到达，使它们逐渐繁荣起来。应该说，郑和船队不仅繁荣了东方，也繁荣了西方，这一点在埃及有典型的记载。埃及当时就是受到郑和船队的刺激发展起来的，郑和船队运送了很多瓷器，瓷器在当时非常贵，仿制中国瓷器最成功的地方在埃及。有一个非常重要的记载，埃及仿制成功中国瓷器后，把这些瓷器卖向欧洲、中近东地区；但存在一个问题，当时埃及只能仿制白瓷和青瓷，却始终仿制不出青花瓷。

常有人说，从明朝文官留下的文书来看，郑和船队是赔钱的。但是金子和银子的比值是 1∶5，到了这个时代变成 1∶7。这说明什么？说明当时银子数量增加了。这些银子都从哪里来？经过考证，应该是来自于郑和下西洋获得的财富。这些财富里面除了进行正常的贸易外，还有郑和的两个小秘密：一个是郑和送去西洋的很多货物必须要依靠远航购买原料才能够做得出来，比如说他当时到西方后大量采购一种叫作苏麻沥青石的东西，并把这个东西运回到中国。这个东西做什么用却从来不说，西方人也一直不知道，当时主要在阿拉伯地区买这个东西，很便宜。这个东西是古兰矿，专门用于染青花瓷；由此可见青花瓷上面的青花是从阿拉伯拿来的染料染上的。

郑和宝船（复制品）

郑和船队还运回大量的苏木，后来考证苏木有两个用处：第一是它的颈部和叶子专门用于制作丝绸的染料。中国卖到西方的那么绚烂的丝绸是用西方拿回来苏木染色的，制成后再卖给他们。这可以看出当时中国丝绸印染的发达程度。魏晋南北朝的时候，丝绸上绚烂的花是画上去的，不能用肥皂去洗，用肥皂去洗这一身衣服就完蛋了。但到了明朝就不一样，丝绸的颜色经久不褪，很少有人知道它跟苏木有关系。苏木的根是干什么的？明成祖五征沙漠，与北方游牧民族作战，使用的箭有毒；而苏木的根是专门解毒的。郑和下西洋的举动不仅仅是政治上的行为，至少有两到三个其他原因。

郑和下西洋还有一个重要的经济原因。郑和带回来很多财富，有种说法是这个钱都肥了皇帝宫室，就是没有肥老百姓。实际我们看当时的记载并不是这样的。当时皇室有钱了，永乐大帝不是去修园子，而是拿这个钱去打仗，五征沙漠稳定中国的北方，这个钱用得很得宜。郑和下西洋带回来的不仅是皇家的财富，很多东西也让整个国家受益。今天南京博物馆里面，还有一块 50 两重的黄金，就是郑和带回来的，这块黄金完全是用金沙做成的，足见他给国家带回来不少财富。

李杰：刚才萨苏老师说这个观点，我觉得应该很好地宣扬或者弘扬一下。过去大部分史学家，还有绝大部分民众普遍认为：郑和下西洋大造船舶，组建船队，无疑是

苏木

延伸阅读

郑和下西洋

　　郑和，本姓马，名和，小名三宝，云南昆明（今昆明市晋宁县）人；1371年出生，1382年因家乡发生战乱，被掳进明军遭阉割；后进入燕王府，成为朱棣的一名侍卫。其后，郑和转战塞北等地，参加了多次重大战役，战功卓著，逐渐崭露头角。由于郑和懂航海，能打仗，又担任了内宫大太监，深得明成祖朱棣信任，故被选拔为正使，率领船队出海。

　　郑和下西洋是中国古代航海史上规模最大、船只最多、水手最多、时间最久的海上航行，比欧洲国家航海时间早了半个多世纪（比哥伦布早了87年，比达·伽玛早了92年，比麦哲伦到达菲律宾早了116年）。1405年，郑和奉朱棣之命首次出使"西洋"；到1433年，郑和一共率船队出使"西洋"七次之多。每次出使"西洋"的船队，均编有2万多人，统有大小海船200多艘，曾先后远航至西太平洋和印度洋等地区和海域，到达过爪哇、苏门答腊、苏禄、劳民伤财，浪费了国库大量的钱财，包括人力物力，财力军力，带回来的只是一些给帝王将相享用的奇珍异宝、宫廷用品，对广大老百姓没有带来实惠，并没有多大好处。今后，这方面的挖掘、研究工作还要继续加强，各方面的史学家和文物学家等应该对郑和的各个层面进行深入地研究。郑和下西洋带来经济上的好处，除了直接受益外，如果间接地来看，其所带来的海上贸易对沿岸老百姓乃至内陆地区民众，都产生了不可估量的巨大影响，带来了不少无形的收益。过去，我们这方面的工作不是做得多了，而是太少了，很多工作就是蜻蜓点水。特别是要把过去所存在的一些错误观念及时纠正过来，要宣扬中国人的这份引以为自豪、迄今仍值得充分借鉴与深入研究的遗产。

郑和下西洋和船队军事价值，过去我们也说了很多。整个船队包括 2 万多人的兵员，最大的战舰 3 000 吨左右。这支军事力量不光是在当时是最大的，即便在今天，世界各国海军也没有出动一支 2 万多人的舰队。海上军事力量的强大，不仅体现国家军事力量的强大，而且给海上贸易或者整个国家形象带来一系列难以估量的重大

彭亨、真腊、古里、暹罗、榜葛剌、阿丹、天方、左法尔、忽鲁谟斯、木骨都束等 30 多个国家和地区；最远还到达过东非海岸和红海海域。

郑和下西洋船队是一支规模庞大的船队，完全是按照海上航行和军事需求进行编成的，堪称当时世界上最为强悍的海上机动编队。在郑和船队中，共包括五种类型的船舶：最大的宝船载重 800 吨，可容纳千余人，是当时世界上最大的船只。由郑和主持绘制的《郑和航海图》，是中国航海史上第一部海图集，也是世界上现存最早的航海图集。与西方同时期最有代表性的《波特兰海图》相比，《郑和航海图》制图虽然数学精度较其低，但其涉及范围广，内容丰富，实用性胜过《波特兰海图》。

郑和七下西洋的伟大航海壮举，不仅彪炳史册，产生了无与伦比的影响，而且扩大了中国与东南亚、南亚及非洲国家之间的贸易、经济、文化的交流与往来。由此可以说，郑和当之无愧成为我国"海上丝绸之路"的开拓者。

达·伽玛

影响，使国家整体力量、陆海贸易以及与他国交往能力快速提升。过去，我们在这方面的宣传上可能有些偏差，很多文章分析称，郑和下西洋一个重要原因就是找建文帝去了；还有一个是耀武扬威，为了宣扬明王朝的强大或者是炫耀中国船队的强大；甚至还有说其主观原因就是为了去麦加朝觐。当然，这些因素不能一概绝对排除，但是郑和船队远早于西方任何国家所实施的大规模航海活动，其深远影响却是同时代任何一个国家远航活动所无法比拟的，完全有必要进一步深入研究。

萨苏：郑和船队到大西洋时不是一个船队走的，每次都是船出去之后，军队的主舰队在后面，所以给大家的感觉是郑和船队是一个和平使者。前面是商船，后面是军舰，要是不好好对待我们的商人的话，就要用军舰来对付你，典型的事情也发生在埃及。当时郑和船队中的一只船到达埃及，郑和使者对埃及的马穆鲁克政权说，你的港口发生了混乱，使我们的贸易无法进行；如果再这样下去，我们不再贸易，我们要换一个地方。他一看郑和的船来了，那是极大的财富，这个怎么能让你走。马上说，我们自己停战，你马上来贸易。这是东西方贸易一个典型的形态。那么大家要问一个问题了，郑和贸易到底能挣到多少钱，以至于让西方人如此垂涎。拿达·伽玛后来做的航行来做一个对比，达.伽玛当时挣的钱是有数的，郑和的账目后来被烧了，不知道具体数额。达·伽玛的利润是成本的70倍，即达·伽玛带出去的货物远航赚回来的钱是其成本的70倍。我们可以想到，这70倍的利润会让当时的统治者有怎样强烈的"进取心"？

李杰：如果郑和船队当时也有这么一个比较明确的数据的话，这对我们当前与今后的"21世纪海上丝绸之路"发展的借鉴意义就更大了。

? 通过达·伽玛的数据可以看出来，郑和七下西洋绝不是赔本赚吆喝的活动，而是不仅打通了东西方的贸易通道，繁荣了"海上丝绸之路"沿线，而且对国内经济的发展也起到了极大的推动作用。郑和这样的一个壮举为什么被终止了？这样一个活动的终止，对于"海上丝绸之路"的发展有怎样破坏性的影响？

萨苏： 因受到内部干扰，郑和下西洋被中断是非常遗憾的事情。但是，这件事情有客观和主观两方面的原因。郑和下西洋是我们古代"丝绸之路"的巅峰状态，也是最后的辉煌，此后陷入了沉寂的时代。这一方面是当时国家内部政治斗争造成的不利影响，另外一方面也是当时技术上出现了一些问题。

首先，说一下政治方面。明朝是一个皇帝与文官集团共治天下的政治结构，叫作天子与士大夫共治天下，而不是天子与老百姓共治天下，文官集团有自己的利益，而这个利益跟老百姓的利益不见得非常一致。文官集团的利益与郑和下西洋有一定的冲突。可以看到郑和的贸易被取消，郑和的行动被终止之后，当时中国的海贸并没有完全萎缩，相反搞得非常热闹，以至于到明末还有郑成功父子这样大的海商集团，可以垄断整个东南亚的贸易，包括到日本的贸易，富可敌国。

但是，中国最终的海贸还是在萎缩。为什么会出现这种情况？当时下西洋的人，一个是郑和为代表的皇帝身边的太监集团，一个是军人集团，出征的武将主要是军人，但船队里没有一个文官。为什么没有呢？皇帝朱棣是为自己赚钱打仗的，文官集团被排斥在这个事情之外。但是，文官集团中很多人出自于东南沿海，他们自己就是从事海贸的。朱棣搞垄断，明洪武禁海的一个重要目的就是为皇家赚钱，你们文官集团就不要赚了，最多是跟着我的船队走，分你一点。

这等于是夺人钱财。这时候什么君臣之忠就没有了，文官集团就疯狂反对郑和海上贸易。其实，如果一个国家能够掩护自己的商队出去是最好的做法，但是当时文官集团的短视彻底毁灭了这一点。他们的做法就是干脆倒木断根，把郑和出海这件事情给彻底废止，说郑和出海劳民伤财。永乐帝在政治压力下不得不在晚年终止了郑和下西洋。实际郑和下西洋是没法阻止的，到了明宣宗朱瞻基时又派郑和去了一次，王景如去了一次。随着明朝整个政治情况的变化，皇帝权威逐渐削弱，文官集团的地位逐渐上升，到明末整个航海行动就停止了。后来，文官集团把档案都烧

朱棣图

掉了，那不就是怎么说都可以吗？

另一个方面，当时中国的造船技术开始落后于西方。郑和时代，中国是全世界造船技术最好的国家；而到了明朝末期，我们的船仍用的是硬帆，而欧洲船用的是软帆，在利用风力时用软帆的船会更好一些，借助风力可以逆风行驶，硬帆的船则不能逆风行驶。这些都影响了中国海上力量的发展，以至于后来出现郑成功这样的海上集团时，也只能与西班牙、荷兰在东南亚打一打，再远就打不了啦。

李杰：郑和下西洋中断虽然有很多方面的原因，包括朱棣的死亡和郑和第七次死在古里等。刚才说到文官和当时的海洋或航海思想，这和那种就是不愿意离家走远门、脸朝黄土背朝天的大陆思想有很大的关系，很大程度上也与帝王缺乏开拓进取精神有关。英国当时的伊丽莎白女王就鼓励霍金斯、德雷克这些海盗去进行所谓的"开疆拓土"、掠夺财富；后来他们才逐渐转变为英国皇家海军。而我们从郑和之后，这种向海外拓展的行为就没有了，也没有了这种进取拓展的精神；说深了就是郑和之后的好几百年没有对外开放这种思想了。腐朽的封建政府老觉得我就是中央大国，一切以我为尊、以我为大；我这个国家能够丰衣足食、自给自足就行了。他们的这种固守陆地、墨守成规的思想，严重缺乏进取、不断拓展的海洋意识，是中国几百年没走向海洋极为关键的症结所在。

? 古代"丝绸之路"对当代"海上丝绸之路"的发展有哪些借鉴和启迪？

萨苏：古代"丝绸之路"说明古代中国不仅仅是一个陆上王朝，同时也是一个海上大国。中国人很早就开始重视海权，而且在东西方贸易和世界海上交通的繁荣方面，都曾经有过巨大的贡献，今天的中国人应该捡起这个传统。我们有信心、有能力做到这一点。

李杰： 古代"丝绸之路"对于我们今天最重大的借鉴意义就在于，海上丝路走好了，走发达了，海上力量强大了，我们这个国家肯定是发达的、强大的。比如我们经常说，世界上七个曾经崛起、发达的国家都是海洋国家。我们刚才反复说，郑和船队曾实际上是最强大的舰队，2 万多人的编队直到现在都没有哪个国家能达到这个水平；无论是舰船数量还是吨位、总吨位都是当时的世界第一，所以郑和时代的明朝国力、海上力量肯定是强大的。后来，由于丝路衰落，舰队衰落，明朝也随之衰亡，清朝更不行。这都是最好的例证，也是对我们今天最大的借鉴意义。

2017 年 5 月北京国家会议中心前的"丝路金桥"

为什么我国 2013 年提出"丝绸之路经济带"和"21 世纪海上丝绸之路"？我觉得这是我国未来一段时期"强国立本、继续拓展"的重要战略；只有通过加强这两个丝路的建设与发展，才能够进一步壮大我们的国家实力。同时，从某种意义和某些方面来看，海上丝路比陆上丝路更重要，因为世界的四大洋是连通的，不受关卡的限制，没有护照、签证这些通关的约束，只要船舶能到达的海域、地区或国家，友好关系贸易往来就便利畅通。为什么我们经常说要全面加强"海上丝绸之路"？因为只有不断加强了，努力实践了，才能够最终建成"政治沟通，道路连通，贸易畅通，货币流通，人心相通"之路，才能真正由世界大国迈向世界强国。

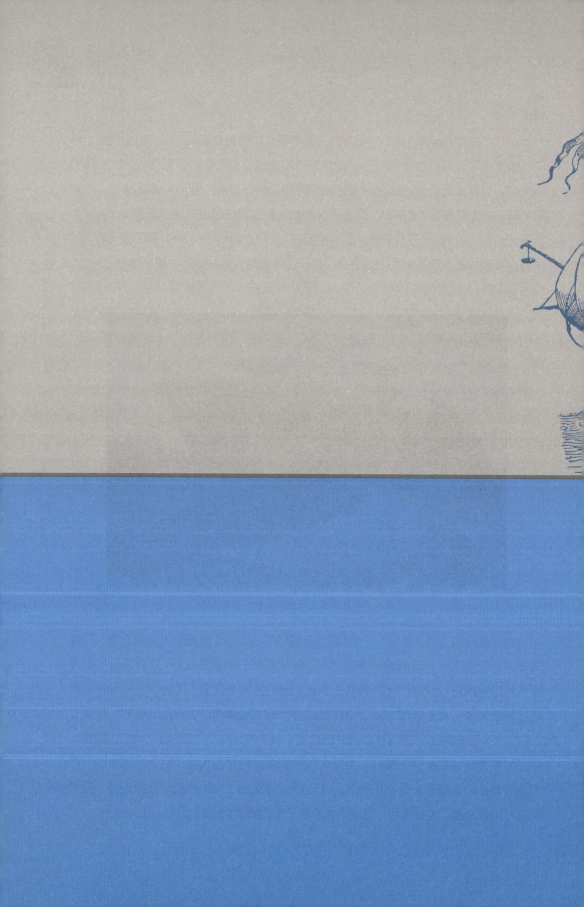

第二章

海上丝路

李杰研究员

彭光谦少将

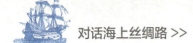
　　"陆上丝绸之路"伴随着汉武帝开疆拓土的千古伟业而发展壮大，"海上丝绸之路"则是明成祖雄才大略的最佳注脚。如今，中华民族经过百年艰苦卓绝的奋斗，终于踏上了复兴的康庄大道。新时代呼唤思路，新思路呼喊新战略，新战略呼唤新通道。古老的"丝绸之路"在新时代以前所未有的崭新面目再次亮相世界，并承担起其新时代的神圣使命。

? **2013 年 9 月和 10 月，我国正式提出了"一带一路"战略构想，"一带"主要指的是"丝绸之路经济带"，"一路"指的主要是"21 世纪海上丝绸之路"。当前，"一带一路"到底面临什么样的战略背景？**

　　彭光谦："丝绸之路"包括"海上丝绸之路"和"陆上丝绸之路"，这是非常古老的一个概念。虽然叫"丝绸之路"可能晚一点，但是"丝绸之路"的开辟早在秦汉唐宋就已经开始。张骞通西域，已经几千年了。那么今天我们为什么要重建海上和陆地的"丝绸之路"？我想有几个大的战略背景。一方面因为从 20 世纪 70 年代末期我国开始改革开放，30 年来取得巨大的成绩，在政治、经济、文化等方面都取得了突飞猛进的发展。到今天中国到底怎么走，如何进一步构建一个更加宏伟、更加广阔的开放新格局？这是我们面对的一个新任务和新挑战。

　　2008 年以来，西方国家发生了席卷世界的经济危机，世界经济萧条，到现在还没恢复。西方国家中虽然美国稍有起色，但是也没有从萧条中走出来，其他国家都比较疲软。曾经引领世界经济发展的一些动力没有了，西方已经没有力量再进一步

广东海上丝绸之路博物馆

引导世界经济的发展，动力从哪儿来，怎么寻找新的动力？这是第二个背景。

第三个背景，从人类历史来看，资本主义的生产方式到底该怎么评价，这个生产方式应该说是以人和自然的对立，人对自然过渡的消耗或者以人类社会的竞争这种状态为特征的。近代以来，资本主义扩张很快，这种扩张是以地缘争夺为特征的，是以零和博弈为特征的，是以武力扩张为特征的。这种发展不是人类发展的根本方向，将难以为继，那么该怎么走？这也是比较重要的因素。

还有一个问题，近几年来美国全球战略重心东移，后来觉得这个说法不当，改为战略再平衡，平衡谁？当然有目共睹，战略再平衡实际是从军事上对中国实行战略围堵。中国面对这个局面怎么办？面对经济围堵和制约怎么办？是针锋相对，还是另辟蹊径，跳出西方的包围圈？"一带一路"就是在这个大的环境下提出新的战略构想。我认为这是战略创意，不仅给中国也给周边国家提出一个探索创新的途径。

？ "一带一路"实际上是一种新的生产方式吗？

彭光谦：不是生产方式，而是一种发展模式或者发展道路、发展方式。以前那种地缘竞争，是完全靠资本扩张来获取高额垄断利润，这种方式是不可持续的，而且给人类造成很多矛盾，产生不少消极后果。简单来讲，资本主义这么搞下去是不行的。西方国家的一些有理性的学者和舆论家也逐渐认识到这种发展方式的道路越走越窄，导致社会资源极大的消耗和浪费，导致整个世界格局的动荡，导致各种力量的内耗，这不是人类应该有的发展方式。人类不能再这样发展，再这样竞争下去迟早将毁灭。竞争要靠良性的竞争，比如大家比赛，争上游这是应该的，但是相互制约、相互消耗、相互打压是不行的。齐头并进、互相促进的这种良性的竞争是值得提倡的，而不能提倡恶性竞争。美国战略东移沿袭旧的殖民地时期和帝国主义扩张时期的思维，通过战略优势来扩大自己的势力范围，通过打压对手来获取它的超额垄断利润。我们当然是反对的。

军事上的东移即把它的战略重心由西向东转移。冷战时期，美国把整个军事重心放在欧洲，将最现代化的武器装备放在欧洲来对付苏联。北约和华约，苏联和美国，东方和西方两个集团进行对抗。苏联解体后，美国曾经有段时间准备对付中国，但

是后来由于恐怖活动转去反恐。美国反恐十多年，并没有搞出什么名堂来，而这十年却给中国以发展机遇。美国认定中国是它现在主要的挑战者，所以把整个全球战略重心由欧洲转向亚太地区，由原来集中对付苏联变为现在集中对付中国。

李杰：我再补充一下。刚才彭老师说到战略东移，如果把战略东移细化，可以这么看：美国在 2011 年、2012 年从伊拉克、阿富汗撤军之前，即奥巴马的第一任期开始加速重返亚太，第二任期则不断推进再平衡战略。具体来说，美国和日本联手，通过突破解禁日本集体自卫权，修改《和平宪法》，成立正式国防军等一系列行动，已把第一岛链的北端基本上控制住了。最近又有报道，日本在与那国岛等相关

延伸阅读

张骞通西域

楚汉战争时期，匈奴单于乘机扩张势力，相继征服周围的部落，灭东胡、破月氏，相继控制了中国东北部、北部和西部广大地区，建立起统一的奴隶主政权。其后，西汉历代王朝不断受到匈奴骑兵侵扰；后者有时甚至深入甘肃酒泉，进逼长安，严重威胁着政权的安危。汉武帝即位不久，决定联合大月氏，共同夹击匈奴；于是，征募能担当出使重任的人才。此时，已在朝廷担任名为"郎"的侍从官——张骞，挺身应募，毅然担起出使西域，结盟大月氏，联合抗击匈奴的重任。

公元前 139 年，张骞率领 100 多人，从陇西（今甘肃临洮）出发。正当张骞一行匆匆穿过河西走廊时，不幸碰上匈奴的骑兵队，结果全部被抓获。被俘后，张骞始终"不辱君命""持汉节不失"，一直没有忘记汉武帝所交给自己的神圣使命，一直没有动摇为汉朝通使月氏的意志和决心。公元前 129 年的一天，趁着匈奴人监视逐渐松弛，张骞果断地离开妻儿，带领其随从，逃出了匈奴国。此后几经辗转，总算来到了早已西迁的月氏国。不过，在月氏国逗留的一年多时间里，张骞等人却始终未能说服月氏人与汉朝联盟；由于得不到结果，他只好于公元前 128 年动身返国。但在归途中，张骞等人再次被匈奴骑兵所俘，又扣留了一年多。后来趁匈奴内乱之机，张骞带着自己

岛屿布置了大量的雷达和导弹，从台湾岛到日本群岛第一岛链的所有群岛，海峡两端全部使用水下监听基阵、岸基雷达、导弹和空中飞机，现在在第一岛链北端已经被完全监视住。为什么这些年南海闹得比较凶？美国现在比较着急的是第一岛链的南端。在南海各国中，菲律宾的军力实在太差，根本围困不住第一岛链南端，即从台湾岛以南到菲律宾群岛和印尼群岛之间的各海峡通道，无法在战时或极端情况下封锁住中国的海上运输。于是美国只好亲自操刀，对第一岛链的南端不断投入兵力兵器，例如濒海战斗舰、核动力攻击型潜艇等，从而使第一岛链南端的海峡通道穿行难度明显加大，使我们朝东走的这条路越来越难走，风险越来越大。

的匈奴族妻子等人，逃回长安，并向汉武帝报告了他在匈奴10多年的所见所闻。汉武帝极为赞赏张骞的坚忍和忠勇，特封他为"太中大夫"。公元前119年，张骞被任命为中郎将，第二次出使西域，积极实施汉武帝时对匈奴最大规模的一次战役；出使前他还提出加强与西域各族友好往来的建议，也得到了汉武帝的采纳。

在张骞等人长期、积极的努力下，汉朝与西域各国的道路被打通，大大促进了汉朝与西域及欧洲地区之间的贸易往来和文化交流。

张骞

但是这些年来，中国海军常态化的演习和训练编队已经接连突破岛链，西太平洋第一岛链、第二岛链我们随时都可以去。最近，中国空军也突破岛链 1 000 千米，说明中国空军突破岛链也将常态化，将来我军也有能力空海联手突破岛链常态化向东走。

2015 年 11 月，轰 –6K 等多型飞机飞越宫古海峡赴西太平洋远海训练，飞出第一岛链 1 000 余千米

但是话说回来，目前美日韩包括菲律宾还有澳大利亚联手在第一岛链把持，封锁的力度的确在不断加大，我军面临的突破难度也在加大。所以，我军突破第一岛链走出去完全可以做到，也能够实现机制化、常态化，但是在战时或危机情况下可能付出的代价将加大。因此，我国另辟蹊径，确立了"一带一路"战略。同时，在美国经济不景气的情况下，我国有必要更好地利用自身优势，尽量避免损失较大的向东硬碰硬对抗，转而谋求事半功倍的向西发展，以获得更大的战略利益。

同时，中国利用世界第二大经济体的优势，通过成立亚投行、金砖国家银行等，已取得配合西行战略的优势。中国不能听命于、遵守于美国或西方金融界及政治界主导的游戏规则，而是要成为一个负责任的世界大国，制定出自己的游戏规则。2015 年 4 月 15 日，亚投行意向创始成员国确定为 57 个，其中域内国家 37 个、域外国家 20 个，亚投长的行长由中国人担任。通过亚投行、上合组织、金砖银行等方式，我国以游戏规则制定者的身份越来越成熟老到地来处理国际事务。这个也是"一带一路"很重要的背景。

此外，在不可回避的金融过剩、资本过剩和产能过剩中，向西行走，我国的制造业，我国雄厚的资金，我国的技术优势都能够和这些中亚、中东、东欧等国家结合起来，发挥我们的优势；相对而言，向东发展面对的都是发达国家，我国化解这种矛盾和过剩产能的能力会比较低。

❓ 在古代，我国的"丝绸之路"从陆上来讲主要是天竺、波斯、大月氏等国家，"海上丝绸之路"主要是南亚诸国和东南亚锡兰、文莱等国家，它的规模是比较小的。我国现在"一带一路"战略主要的规模是怎样的？

李杰：刚才讲到"一带一路"是一个倡议，是我国提出来的两个战略。我国各行各业的部门即开始筹划，陆上主要划设了三条"丝绸之路"经济带。第一个就是中欧方向，即从中国大陆的核心地带通过中亚、中东、东欧再到西欧为主的路线，在这个路线当中包括普通公路、高速公路、空中航线等多种方式。第二条是走东南亚方向，途经东南亚、南亚、中东，最终到达欧洲。第三条走蒙古、俄罗斯，再到欧洲的北线方向。这三条主线目前还在加紧具体细划和加速推进过程当中。我们不仅要看经济的可能性，还要看沿途各国对"丝绸之路"的认可和支持度，还要看我们的技术和资金能够达到什么程度，以及安全性如何。可以说，"陆上丝绸之路"的安全防务问题将会是比较大的问题。

"海上丝绸之路"也有三条：第一条从中国的沿海港口城市经过南海、马六甲海峡、印度洋、红海，再到地中海，最后到达欧洲。2016年5月，中俄海军的地中海演习中除了与俄罗斯进行相互战略支援、加强海军之间的作战能力之外，也有保护海上交通线的安全和打击恐怖分子、海盗的考量。第二条是南下到南太平洋，穿越印尼各海峡通道，驶向澳大利亚、新西兰等南太岛国。第三条是北冰洋航线，这些年我国对北冰洋航线的重视程度越来越高；再过一二十年，北冰洋在夏季可能全部融化，即使冬天也将有相当多比例的时间可以通航，走北冰洋航线是未来很重要的通航方式，至少可以节省20%～30%的航程，可以大大降低运费，产生较大的经济效益。这是我国当前几条海上航线和"陆上丝绸之路"的设想，但具体能不能更好推进，怎么推进，什么时间能够完成主航线和主路线的推进，需要我们加倍努力、携手同心，在统筹管理到各个部门具体落实的过程中，还存在着一些关键性的关卡和矛盾，需要在今后的工作中不断完善。

彭光谦："一带一路"政策在发展演变过程当中，不断丰富，不断演化，未来也

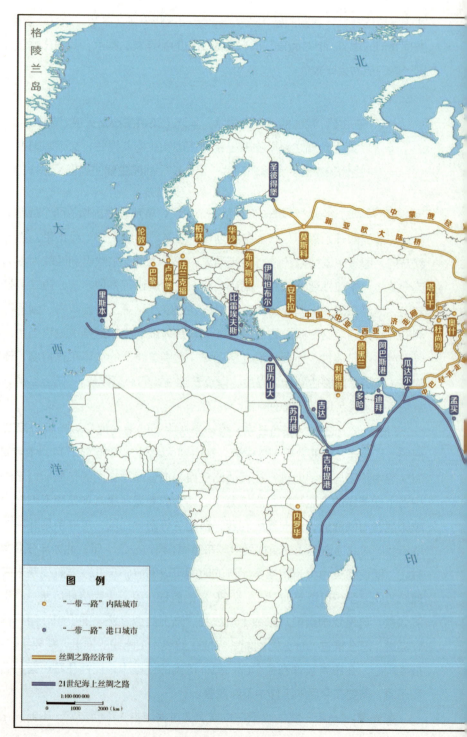

"一带一路"经济走廊及其途经城市分布示意图 [审图号：GS（2016）1762 号]

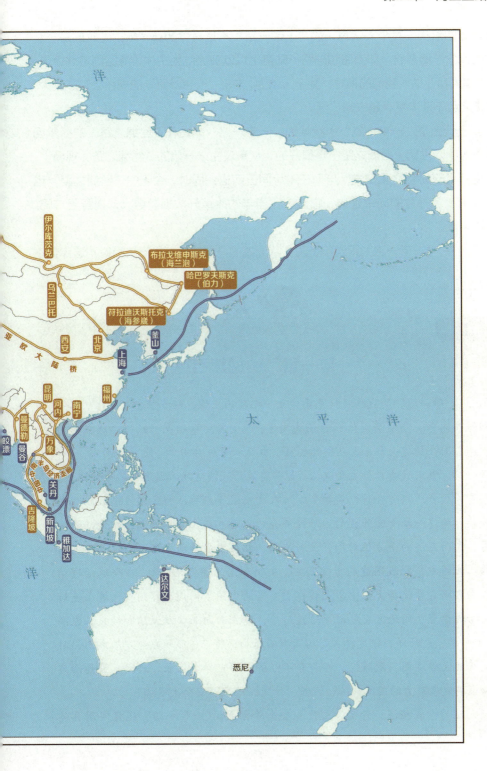

需要具体的落实。我个人认为，谈"一带一路"不是具体的哪一条，而应该是一个宏观的概念。两条路，即海路和陆路。陆路上以欧亚大陆为主体，海路则将北冰洋、南亚、澳大利亚纳入我们的视野。我个人认为，未来"一带一路"的规模会越来越大，具体走向会不断丰富，越来越广泛。

至于什么是"一带一路"？我认为"一带一路"是古代"丝绸之路"的简单回归是不对的。古代"丝绸之路"是很好的，从秦汉唐宋开始的"丝绸之路"规模小，主要是商品交易和文化交流，与现在不可同日而语。同时，今天的"丝绸之路"也不是我国改革开放的简单延伸，它应该比当年的改革开放规模更大，视野更广阔，内容更丰富。

有人说，"一带一路"跟当年美国在欧洲搞的马歇尔计划是不是相似？这完全不

延伸阅读

"一带一路"的战略目标

"一带一路"的战略目标是要建立一个政治互信、经济融合、文化包容的利益共同体、命运共同体和责任共同体；即中国要推动包括欧亚大陆在内的世界各国，构建一个互惠互利的利益、命运和责任共同体。就总体而言，"一带一路"重大战略目标主要包括：安全高效的陆海空战略通道网络全面形成；在产业投资、经贸合作、能源金融、人文交流等领域取得突破性进展和重大收获，构建一批全面开放的国际经济合作走廊和海上战略支点，打造陆海统筹、东西互济的全方位对外开放新格局，拓展发展空间，巩固和延长我国的战略机遇期，把我国建成富强民主、文明和谐的现代化国家；在全球治理结构中占据主导优势，把中华民族伟大复兴的中国梦同周边各国人民过上美好生活的愿望、同地区发展前景对接起来，建立面向亚非欧大陆和链接三大洋（太平洋、大西洋、印度洋）的均衡战略布局，将"一带一路"发展成为同时连接亚太经济圈、欧洲经济圈和非洲经济圈的世界上最长、最大、最具活力和最具发展潜力的国际政治、经济、外交、人文、安全大走廊。

此外，在经济、外交、文化和安全等方面，"一带一路"还将实现具体

是一码事。当年的马歇尔计划规模不小，但它的目的和做法是不同的。二战以后欧洲凋敝，美国想通过马歇尔计划的援助扶持自己的阵营来搞对抗，这与我国"一带一路"的目的不一样，而且美国是有条件的。这是性质完全不同的两件事，不要混为一谈。

　　另外，"一带一路"也不是某一个具体项目，基础设施建设是"一带一路"的基础，但是不限于只搞基础设施建设。我们曾经讲过"五个点""五个通"，包括道路连通，贸易畅通，资金融通，信

美国陆军五星上将马歇尔

战略目标：首先，在经济上，实现互联互通，推进贸易投资便利化，逐步形成以点带线，从线到片，促进形成互利共赢、多元平衡、安全高效的开放型经济体系，为我国改革发展稳定争取良好的外部条件，使我国发展更多惠及周边国家。其次，在外交上，大力增进与沿线国家特别是周边国家政治互信和睦邻友好，逐渐做大我国在沿线国家全方位的影响力，增强我国外交软实力和巧实力，提高我经略周边的能力，扩大我安全战略的回旋空间，维护我国主权、安全、发展利益。再次，在文化上，充分展示中华文化的独特魅力，全面传播当代中国价值观的核心理念，弘扬和传承"丝绸之路"友好合作精神，精心打造中外文化交流的品牌，努力搭建促进中外文化交流的长效机制，密切我国与沿线国家在教育、文化、旅游、体育、卫生、科技等领域开展全方位的人文交流合作，提高中国国际话语权和影响力，提升国家文化软实力和巧实力。最后，在安全上，除了传统的军事领域之外，在信息、灾害、航道、环境保护、公共卫生、跨国犯罪、恐怖袭击等非传统安全领域，努力开展国际合作，搭建地区安全合作新架构，提升提供国际公共产品和服务的能力。近期，要维护好国家能源通道安全，满足反恐战略需要；远期，则要增强和巩固我国在沿线国家的地缘政治优势。

息连通，政策联通，而不是一个简单的基础设施建设的问题。"一带一路"不是一般的经济战略，而也是发展问题，更是来探索新的人类发展方式的问题。未来道路到底怎么走，西方资本主义的道路走不通，我们走新的道路将怎样与世界和平相处，怎样建立利益共同体，这是全新探索，概念上和认识上都应该不断丰富、不断深化。

"十八大"以后，国家富强、民族复兴、人民幸福已成为我们新的中国梦，"一带一路"就是实现中国梦重要的战略构想，不仅是中国梦而且是世界梦，不是中国一家的事情，不是中国单打独斗就能干的事情，是中国创立的、推动的、大家一起来干的大工程，打开的是一种新的格局，开辟的是一个新的局面。更重要的是，它开辟了人类发展新的途径、新的模式，超越了历史上的对抗思维和零和思维，摒弃了把自己的利益放在牺牲别人利益的基础上的发展方式，应该说我们的"一带一路"探索的是一种新的道路。我们现在国内发展"四个全面"，即全面建成小康社会、全面深化改革、全面推进依法治国、全面从严治党；而在国际上，我们对人类社会的重大贡献就是"一带一路"。我把国内、国际归纳起来就是"411"，即"一带一路"加上"四个全面"。"411"是我们未来一个大的格局和大的规划。"411"是中国梦的实现，也是人类世界共同发展的新的康庄大道，这是它一个最重要的价值。

李杰："一带一路"战略贯彻以后，除了具有刚才讲的意义以外，更创立了和平崛起、和平发展的模式。利用"一带一路"可以证明：中国不通过旧的殖民战争掠夺资本和土地的方式来使自己变得强大，而是通过和平崛起、和平发展这种崭新的模式也能够实现不断发展，实现进一步强大。目前，中国 GDP 已经是世界第二，我们将来有可能还会发展得更快。毫无疑问这是一种新颖的发展模式、一种前所未有的理念创新。

第二，安全防务理念的创新。通过向西发展，共同发展，不是一味单纯地采取"刚性"方式来突破第一岛链、第二岛链，硬碰硬地来解决，而是在正常和平发展、和平崛起的情况下来保护和实现国家安全；同时使我国的陆地及海上力量进一步发展壮大，维护国家主权和海洋权益的能力更强。

第三个重大意义在于命运和利益共同体的创立和壮大。我们向西发展、共同发展的道路，是和世界绝大多数国家共同创建、共同努力来达成一个新的命运共同体，本着"共同富裕、平等协商"的理念，以游戏规则制定者的身份来制定公平、公正、公开的和平规则，坚定、有效地维护和运行我们的发展模式。

彭光谦："一带一路"不是说中国要谋求私利，而是中国把自己的利益和其他国家的利益连在一起，通过文明对话、文明对接、文明交流，实现文明的交融。我们建立自己的势力范围，但不搞特权，利益跟大家是一致的，这点跟西方是不一样的。我们也不搞霸权和主导地位，这是中华文明的精华，在发展过程中将发扬光大。举个例子来说，郑和下西洋是"丝绸之路"的探索，当时的舰队是世界上首屈一指的，我们带去丝绸、瓷器等中国文明的结晶。郑和第三次下西洋时，皇帝给了他一个命令，即天下共享太平之福，我们不是去掠夺人家，也不要把人家消灭掉，我们国家那么大，不稀罕那些东西，而是要天下共享太平之福。今天

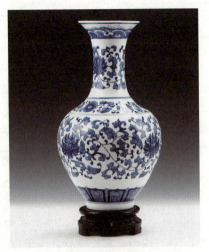

中国青花瓷

我们也是要全世界共同建设地球村，"一带一路"就是朝这个方向前进，在世界发展过程中同步发展。这是共同发展的道路，是开放的、共赢的、合作的、包容的、文明的。

中国的发展是和平共处，互相尊重，构建新型中美大国关系。什么叫新型关系？第一，不要打仗。第二，相互尊重，这个是核心，有尊重才有安全。不奏中国国歌、不尊重中国的人格，那何谈两国的关系？今天问题是有的国家并不尊重我们，而是遏制我们，因为自己的衰落而不让中国发展，这有点太霸道。

? **"一带一路"有两个概念，一个是经济带，一个是"海上丝绸之路"。"一带一路"中是"一带"更重要还是"一路"更重要，哪个是主哪个是辅？**

李杰：不能说哪个重要哪个不重要，而是要同时推进，加紧实施这两个战略。"一带一路"在方向上并不是一条路线，而是很多条路线，这些路线各有利弊，相互补充。在陆路方面，目前来看沿途国家都很踊跃，愿意加入到这个命运共同体中来。但是究竟该怎么加入呢？沿途的铁路该怎么修建，怎么运行？高速公路该怎么修建，怎么联通？中国有技术、有资金、有经验，但是中国完全出资出钱给你白修建也是不现实的。中国当前也面临着经济下行的压力，如何将沿途的其他几十个国家协调好、运行好，经济互补、协调发展是当前面临的最急迫的问题。

除了经济问题外，还面临着文化、宗教、民族等问题。陆上国家性质、体制千

差万别，宗教、民族截然不同，所造成的矛盾错综复杂、旷日持久，还需要时间和多种方法加以解决。

此外，陆路方面还有安全防务问题，即便成立护航公司，沿途经过三四十个国

延伸阅读

"一带一路"的合作原则

"一带一路"是继承和发扬古代"陆上丝绸之路"和"海上丝绸之路"精神，结合世界大势和时代背景，所提出的一项重大、系统、全面的发展战略。该战略以共商、共建、共享为合作原则，以政策沟通、设施联通、贸易畅通、资金融通、民心相通"五通"为主要内容，以打造命运共同体和利益共同体为合作目标，来创造一种全新的国际合作模式。

实践表明，过去中国开展的洲际或区域间的合作多是项目性的，如今在"一带一路"框架下，国际合作更具有系统性，合作领域也更加广泛，且非常注重与沿线国家进行战略对接；此举不仅满足中国进一步开放和发展的需要，同时也深刻契合了沿线国家的发展需要。"一带一路"战略中的"一带"主要依托国际大通道，以沿线中心城市为支撑，以重点经贸产业园区为合作平台，共同打造新亚欧大陆桥、中蒙俄、中国－中亚－西亚、中国－中南半岛等国家经济合作走廊；"一路"则以重点港口为节点，共同建设畅通安全高效的运输大通道。"一带一路"建设除了坚持经济合作和人文交流的共同推进，还非常注重人文领域的精耕细作，尊重各国人民的文化历史、风俗习惯，加强同沿线国家人们的友好往来。此外还注重加强同沿线国家在安全领域的合作，努力打造利益共同体、责任共同体、命运共同体，共同营造良好环境。

"一带一路"战略既要有利于促进经济要素有序自由流动、资源高效配置和市场深度融合，也要加速推动沿线各国实现经济政策协调，实现优势互补、共同发展；既要破除洲际和次区域之间的藩篱，打造开放、包容、均衡、普惠的区域合作架构，也要顺应发展中国家重塑国际经贸规则的诉求，确保全球治理结构朝着更加公平、合理的方向发展。

家的签证护照问题、武器装备配备问题、武装人员训练问题、日常管理问题等，都是我们需要考虑和急需解决的问题。相对而言,我觉得海上状况可能相对比较好一点。世界上近 71% 的面积是海域,且全球海域是相通的,大多数公海不受任何国家法律限制,可以自由航行。从我国连云港、泉州或广州出发,经过南海和马六甲海峡都是自由航行海峡,经印度洋、红海、苏伊士运河到地中海,海上通道基本是畅通无阻的。当前中国进出口贸易占全国 GDP 的 50% ~ 60%(甚至更多)。进出口贸易额的 85% ~ 90% 都是通过海上运输来完成的。虽然海上也有很多风险和不安定因素,但只要海上力量到位和相应措施跟上,安全问题可以得到比较好的保障和解决。中国曾先后派出 22 批护航编队长年驻扎在亚丁湾和索马里海域,对于如何保证海上通道的安全已经有了一些经验和基础条件;我国现在与沿途的很多国家建立了非常良好的关系,也拥有了不少港口的使用权,建立了一些综合补给点,能够提供有效的保障和防护。同时,海上航行中可以适当避开沿途的政治问题、动乱问题和宗教问题。总而言之,海路有海路的优势,陆路有陆路的长处,相对而言陆路方面所出现的问题可能会更多一些,也更麻烦一些。

?　我们提出"海上丝绸之路"新的发展的原因是什么?

李杰: 很多专家学者或者政府部门、地方政府都在研讨,提出很多看法和想法。海路有一些得天独厚的优点与长处,但是也存在一定的问题。陆路方面存在的问题主要为宗教、民族、政治、文化和安全问题,很多在短期内难以解决。有人提出,陆军航空化其实并不能解决"陆上丝绸之路"经济带的安全防务等问题,因为一个国家的领土、领空属于国家主权范畴,和海上自由通行,不受他国制约是不一样的。如果说,领土不能自由通行的话,领空也一样不能自由通行,首先必须经过其他国家批准,这样会带来一些矛盾或者问题。

彭光谦: 陆路和海路都重要,不能说哪个更重要,也不能说哪个优先,而应该根据难易程度、条件成熟与否,先易后难,循序渐进。哪个先成熟先推进哪个。如果陆路先成熟了就先建设陆路方面,包括高速铁路、高速公路、空中航线,也包括物联网、互联网,甚至包括太空航线。不管南方航线还是北方航线,哪条航线成熟了便先建设哪条。线路建设需要跟相关国家协商,共同发展。

到目前为止，拉丁美洲的相关开发建设已经开始论证，非洲和欧亚大陆的部分国家的"一带一路"建设也已经进行。同时，海路方面也在同步发展。"一带一路"是前所未有的恢宏战略创意，面临着重大的挑战，并不是一朝一夕的工程。这种发展方式的变革是一场改变人类命运的革命，具有极大价值的同时也面临极大的阻力。阻力来自各方面，包括现有的霸权者不甘心改变利益格局、不甘心退出，也包括各种恶劣自然条件，也包括宗教矛盾、领土争端及信任问题，都不是一朝一夕可以解决的。这个宏大的工程，需要极长的时间来慢慢实现。对于"一带一路"来说，意义需要被充分估计；对它所面临的困难、风险和挑战也要有清醒的认识。

? **现在大家所关注的护航编队是不是与将来海上发展有一定关系？**

李杰：自 2008 年 12 月 26 号，我军护航编队首次出发，前往索马里亚丁湾海域，到目前为止已经 8 个年头了；而"一带一路"倡议是在 2013 年 9、10 月才明确提出的。我国当初建设护航编队，主要是因为中国越来越大的海外贸易，已经占 GDP 一半左右的比重，其中 80% 以上都是海上贸易来实现的。我国在海上遇到的来自恐怖分子、海盗的威胁越来越大，特别前些年亚丁湾索马里海域、非洲海域的多股海盗团伙对我国船舶的袭击次数和规模是非常大的。面对这种状况，应联合国及索马里等沿岸国家的邀请，在联合国授权和索马里东非沿岸国家的强烈要求下，中国派出了精干的护航编队；8 年来我国护航编队取得了非常大的护航成效，也解决了很多安全问题。但是据联合国报告，目前除索马里、亚丁湾、印度洋海域之外，海盗和恐怖分子在马六甲南海海域的活动更为猖獗，但是要实行沿途护航，将来成效越大所面临的风险和问题也会越多。

在推进"海上丝绸之路"的过程中，必将会遇到各种各样的风险、问题和威胁。怎样应对和解决，也是我们当前与今后所面临的问题。我国提出"一带一路"战略之后，我军的护航编队继续取得了很多成效，其他海上力量也在积极探索解决之道和应对之策，但是要想真正落实和全面完善，可能还需要一定的时间和实践，并不断地加以改进，同时需要总体筹划和运筹配合。

中国海军"青海湖"号综合补给舰

? **有人提出"新空中丝绸之路"这样一个说法,您能为我们介绍一下它和"一带一路"的关系是什么样的吗?**

李杰:"新空中丝绸之路"是最近在很多研讨会当中出现的一个新的提法。我个人觉得,所谓的"新空中丝绸之路"也是"一带一路"的一个方向或者说"丝绸之路"当中的一种方式、一种举措。而刚才提到的"太空丝绸之路""网络丝绸之路",都是一种新的发展方向、新的运用方式。但是,从整体来说,"一带一路"包含两个大方向,即一个陆上和一个海上。海上方向其实也蕴含着空中、水面、水下和网络、太空,陆上也包括陆地、空中、太空和网络。我们现在谈到的是一个整体的大战略或者总体的战略创新,在全面推进过程当中,"陆上丝绸之路"的最终实现离不开各种各样的途径、手段和方式,海上也是一样的。这种"新空中丝绸之路"的提法未尝不可,但是如果只是生硬地加上一个"新空中丝绸之路"的话,突出与"陆上丝路经济带"和"21世纪海上丝绸之路"的区别,可能和整个大前提、整体战略就有点冲突。

"一带一路"是一条互尊互信之路,也是合作共赢之路,只要我们沿线各国能够同舟共济、共同发展,就一定能够谱写"一带一路"发展的新篇章。

第三章

地缘战略

李杰研究员

沈伟烈

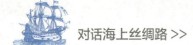

一个国家的地理位置是"天生"的，无法改变。然而，根据自己的地理特点营造有利于国家发展的态势则取决于治国者的智慧，此即所谓天时不如地利，地利不如人和。在全球化的今天，国家的地缘战略远不止简单的"远交近攻"，而是必须放眼全球，必须把茫茫大海纳入地缘政治的范畴。

? 2013 年，我国正式提出"一带一路"战略构想，经过多年发展，范围已超过国内 18 个省、自治区、直辖市，并且由内向外延伸为北线、中线、南线和中心线，丝路新图如此之广阔，肯定绕不开地理因素。谈到地缘战略思想，我们首先想到中国的总体区位，中国地处最大的大陆——亚欧大陆，同时面对最大的大洋——太平洋；东西南北四个方向都有邻国，与亚、欧、非、澳四个大洲的很多国家都存在便利的交通条件。"一带一路"倡议是否与中国的地缘战略思想相契合呢？

李杰：我们在说"一带一路"之前，要先把地缘战略思想及学说的演变简单地回顾一下。最早的地缘战略理论，可以追溯到古希腊的政治家、军事家地米斯托克利。他曾经有过颇为先行的地缘战略思想，但由于时代所限，他只是把这种地缘战略思想归类为地理学或者政治学，地缘战略思想还仅仅是地理学和政治学的边缘学科。20 世纪初期，英国的政治学家、地理学家、地权论的创立者——麦金德提出了地理中心论。地理中心论把地缘战略的思想理论提升到了一个很高的高度。欧亚非中心论实际上把世界归成欧亚非、南北美、澳洲几大地理区域。其中，最重要的自然是欧亚非大陆；无论从当年地理中心论还是现在来看，欧亚非大陆都是地缘战略学说最关注的地理环境区域，是非常重要的。

现今，我们借鉴了部分地理中心理论的思想。过去，中国也曾走向太平洋，走向南太平洋，而今天却强调"向西走"战略，向西走依然主要是在欧亚非大陆的中心区域内活动，所以地理中心论对我们还是有某种程度上的借鉴意义，值得我们进一步学习、研究和拓展创新。20 世纪 40 年代，美国的地理学家、地缘战略学家斯派克曼曾提出欧亚大陆的边缘理论。这

英国地理学家 麦金德

个理论直到今天仍对我们有很大影响，像第一岛链、第二岛链、印度洋群岛、印度洋的基地、欧洲大西洋沿岸的基地等，这一理论的运用，实际上起到把欧亚非大陆全都包围起来的效果。在冷战之后相当长一段时间内，这确实对中国和俄罗斯等国产生了重大的制约和封锁作用。

我们今天实施"一带一路"，说到底就是要破解西方国家运用边缘理论对我们的遏制与封控；但我们有创造性地按照中国特色加以发展，这就得出了中国地缘战略思想的延伸变化和进一步的发展。

沈伟烈：地缘战略思想是由地缘政治这个层面衍生过来的，地缘政治思想在春秋战国的时候就有了，而且有比较成熟的理论方针。人类的发展往往要期盼一种有利的条件，有地利、天时、人和三个方面。一个民族政治集团或者国家只有依靠这三方面，才能在特定的地区生存和发展。举个例子，我在西安参观过半坡村，古代的先人们为什么要在陕西平原地区灞河边上气候温暖的地方生存？因为那个地方是关中平原，又有一条水域丰富的河流，气候比较温暖，适合先人的生存和发展。春秋战国的时候，出现了私有财产；出现了私有财产和国家以后，地理和政治的关系就更密切了。

西安半坡博物馆的尖底瓶　　　　　　　西安半坡博物馆的折腹红陶盆

比如秦国在西面，其他六国在东面即黄河以东地区。西面的秦国的条件比黄河以东的其他诸侯国家的条件要稍微差一点，因为往东就是黄淮大平原，长江、黄河的水流大，气候温暖湿润。当时，秦始皇并吞六国的时候就要向东面扩张，东面气候条件好，也比较宽广，所以秦国要向东发展。在向东发展的过程中，秦国也要依靠地理条件。秦国人首先研究地理条件，范雎就提出了"远交近攻"。"远"和"近"

是地理上的距离关系,"交"和"攻"是政策层面的概念,交——交往,攻——攻守,"远交近攻"思想提出来后,秦始皇接受了;经过多年向东发展,秦国统一了中国。秦始皇统一中国是天时、地利、人和三方面都得到了充分发挥的结果。所以,地缘政治就是地理和政治的结合。

考虑政治问题,应该要把政治和地理结合起来。反过来,要到某一个地区去,就应该考虑那里的地理环境是否最合适? 政治问题需要有地理环境或地理基础来支撑,这叫作政治的地理化,两者的结合就是地缘政治或地理政治。我们过去叫地理政治。19 世纪以来,西方的一些地理政治、地缘政治思想传入中国以后,比如麦金德、斯派克曼等人的理论,人们认为地缘这两个字比较确切。地缘涉及关系问题,古代叫缘地,现在叫地缘。我认为,为解决地缘政治提出的方略就是地缘战略;当然,理论上有很多种说法。

地缘战略是一种思想,是一种理论,也是一种方针和政策。当年我们要革命,到哪里去革命? 这就牵扯到地理问题。毛泽东在《中国的红色政权为什么能够存在? 》一文中提到,革命任务是革命,引导工农进行武装革命,到哪里去革命? 他提出应

延伸阅读

地缘战略简介

简而言之,地缘战略是一种基于本国地理因素、地缘政治地位和地缘经济地位的国家对外战略。通常,地缘战略需要根据其不同时期、不同阶段所处的国际环境变化,以及自身综合国力和国防实力的发展而进行调整变化,以为自己所用。

20 世纪初,英国地理学家麦金德率先提出了"世界岛"理论,即世界可以划分为几个大岛,欧亚非、南北美、澳洲(大洋洲);其中,欧亚非自然就成为最核心的"世界岛",而在"世界岛"上居于欧亚大陆的顶端部分,又是决定世界走势的心脏地带。二战之后,美国人斯派克曼根据"世界岛",即世界的心脏地带,长期为苏联所控制的现实,又推出了一个"边缘地带论",这项地缘战略理论的核心就是控制心脏地带还不足以称霸全球,如能控制环绕

该去受到第一次大革命影响的几个省去，比如广东、湖南、江西等地方去。这样，地理区域就找到了，江西、湖南往东甚至福建，在长江和长江流域以南的受过第一次大革命影响的一些省份。在这些省份的哪个地区的地理条件最合适？根据当时的政治情况，到省会城市、中心城市是不行的，上海、武汉、长沙、南昌这些中心城市是不行的。在这些地区，当时共产党的领导人曾领导进行过南昌起义、上海起义、广州起义，在中心城市是站不住脚的，敌人力量大，共产党力量小，那么到哪里最合适？到农村。

?　这是地理因素对政治的反作用？

李杰：正如沈教授说的，地缘政治绝不是一个简单的地理概念，刚才他提到天时、地利、人和，既有地理的概念，也有政治问题，还有气候、气象、水文等要素，当然少不了民众和军队。那么，怎么样把这几者有机结合起来，还在其间有机地穿插

心脏地带的欧亚沿海地区，便将足以遏制心脏地带国家的向外扩张。于是，冷战时期，美国接连出炉了"岛链理论"，并在盟友、伙伴的配合下，对中国、苏联等国实施海上方向的层层封锁与拦截。

　　进入新世纪，特别是奥巴马白宫第二任期以来，他加紧推进"亚太再平衡"战略；而世界其他大国和地区集团，如俄罗斯、欧盟、印度等国也都纷纷地调整自身地缘战略，以适应竞争日趋激烈的大国地缘政治、地缘经济的需要。美国新任总统特朗普迄今虽未推出新的地缘战略，但其"美国优先""世界第一"及"重拾美国力量"的思想，必然导致其继续"争霸全球"，并将在掌控"世界岛"整个核心板块和边缘地带的竞争、角逐中，依然会把欧亚大陆看作是"美国最重要的地缘政治目标。"无疑，美国还会紧紧地拉拢其盟友和伙伴，依靠联盟和条约等手段，利用第一、第二多条岛链部署大量、先进的兵力兵器；再通过有利的地缘政治、地缘经济、地缘军事等因素强力配合，来获取其最大的战略利益。

包括政治、军事、外交的概念，处理好国与国之间、地区和地区之间关系问题，以及军事力量运用问题等等呢？实际上，现在地缘战略思想是比较成熟的，虽然很多人可能并不见得会说出成套、系列的地缘战略思想，也有很多人会把地缘战略思想简化成战略思想；不可否认的是，战略思想里面含有大量的、深层次的地缘方面的影响，因此深刻认识到地缘要素就很可能会产生全局性的影响，可能对战略思维和战略思想产生重大的影响和改变。

2013 年，我国提出"丝绸之路经济带"和"21 世纪海上丝绸之路"。实际上，提出背景正如斯派克曼的边缘理论所说的，外部包围、扼制得越来越紧，美日等国对第一、二岛链的封锁力度越来越大。在这样的情况下，中国就换一个思路，不与你正面硬拼，不与你东向死磕。也就是说，现在最佳的地缘战略发力方向实际上是向西！同时，我们还要从经济方面加以考虑，地缘战略里面必须加上经济成分，经济方面的问题是不可回避的，包括产能过剩、金融过剩、资本过剩等问题，比如中国的钢铁企业、煤炭企业、铝矿业等，有必要与"一带一路"沿途国家和地区实现重新配置、调配和重组等。上述一系列过程的转变和变化，如果从深层次来说，是从地缘战略关系来考虑的；说简单了，便是从地理角度思考的。

土耳其西部城市屈特西亚的彩瓷

沈伟烈：现在的"一带一路"战略思想，实际是在抗日战争时期提出的战略——"敌进我进"战略在今天的发展。日本军队进入到中国大陆后占领了中国大陆 1/4 的地方，那么国民党军队和中国共产党的军队怎么和日本军队斗争？国民党军队就是在正面战场和日军做斗争，共产党则到敌人占领的后方去战斗，发展敌后根据地。敌进我进，我进到敌人的地方去。我写过一篇阐述这个战略的文章。现在把"敌进我进"战略思想运用到当代。当前，还有国家不让中国崛起，要从海上围堵中国，实际上也在陆上围堵中国。中国在亚洲的东部，在亚欧大陆的边缘，西部是欧洲大西洋方向，中间就是亚欧大陆南部的印度洋方向，东边是亚洲东部的太平洋方向。当年，他们从三个方向来围堵当时的苏联以及中国。后来，美国的地缘战略家布热津斯基提出"欧亚大棋局"。美国是西半球国家，却非常重视东半球，尤其重视东半球的欧亚大陆。英国的麦金德提出欧亚大陆是中心地区，欧亚大陆是东半球的枢纽地区；美国如果控制了欧亚大陆，控制了东半球中心，整个世界也就被它统治了。此后，美国在欧洲大西洋方向把苏联搞垮了，北约东扩得到了一定的利益。在中东地区发生了伊拉克战争、阿富汗战争、利比亚以及叙利亚战争。接着，美国的力量就转移到东方来，美国提出了"亚太再平衡"战略，主要目的是在海上围堵和扼制中国的和平发展。

从表面上看，中国的"一带一路"战略与美国的"亚太再平衡"针锋相对。虽然中国也要突破东边岛链，但我们的主要精力是往西，西是美国的弱点地区，因为美国始终没有进入到中亚地区。当年苏联侵略阿富汗，后来美国在印度、巴基斯坦往北有所动作，但美国始终没有拿下中亚地区，苏联控制了中亚。苏联解体以后成立独联体，中亚国家独立了，和中国建立了外交关系，中国和中亚的关系上升了。现在，中国向西发展，先经过中亚再往西，经过里海、高加索、黑海到欧洲，这就是"西进"战略。在中国的学者眼里，"一带一路"是很典型的"西进"地缘战略。

> **？** 两位老师为我们深入浅出地解读了中国的地缘战略思想，包括它和"一带一路"的相关关系及其涉及的地理、政治、军事、外交、经济等因素的相互作用。中国有哪些得天独厚的地理优势，这些优势在"一带一路"的倡议当中将如何被借鉴和运用？

李杰：现在很多人甚至一些"专家"推崇一种观点，认为美国的地理位置得天独厚：美国两面靠洋，一边是大西洋，另一边是太平洋，它的南北两个国家——加拿大和墨西哥，实力都与美国相差甚远，因此它基本上没有外忧，好像美国可以拿出全部精力来向外扩张、称霸全球，好像美国有得天独厚的地理优势和先决条件。实际上，

我们应该看到，尽管美国地理条件、地缘战略环境不错，但是它也有很多弊端。很多学者也越来越觉得地缘中心论有道理，欧亚非大陆将来无论怎么变化，都是世界的中心。尽管咱们不完全赞同"谁控制了欧亚非，或者简单说控制了欧亚大陆，就控制了整个世界"这种说法，但是欧亚大陆或者欧亚非大陆绝对是未来世界的中心或者重点。

现在，欧洲是最发达的经济体之一，在东亚地区的中国是世界第二大经济体，东亚地区的中日韩经济规模都很大。实际上，在欧亚大陆的两端，欧洲和东亚地区在世界上均为最强的两个经济体。这两者如果能够很好地结合、联手，能够交流、互建、合作、共赢的话，就能把欧亚大陆的东西两端的两大经济体更好地发扬光大，进一步增强；同时，把中亚地区、东欧地区，进一步通过资源重新配置，金融进一步融通，就将实现整个欧亚非地区经济总量的几何级数增长。从这个角度来说，中国的地理区位、地理条件和地缘战略环境绝对不会比美国差，反而有可能要比美国强。实际上，很重要的一点就是美国鞭长莫及，离欧亚非大板块的哪一头都很远；美国要跨太平洋需航行 1 万多千米，从大西洋那边到欧洲也有很长一段距离。所以，从某种程度上来说，特别是从整体地缘战略的角度考虑，从总体经济总量角度考虑，从未来发展角度考虑，中国的地理条件应该说是得天独厚，相当优越的。

沈伟烈：从地缘区位来讲，中国在亚欧大陆的东部，在亚洲东部的枢纽地区。从地理条件来讲，中国这个枢纽地区向北有蒙、俄，即北亚；向东有东北亚；向南就是南亚、东南亚；向西就是西南亚；最后再有中亚。中国是可以辐射其他五个地区的枢纽；因此可以说，中国比俄罗斯和美国的地缘位置更优越。俄罗斯偏北，它和主要国家的接触相对较远，而中国和周围国家可以连接起来，这是一个地缘优势。

另外，中国既是陆地大国又是海洋大国，有 1.8 万千米的海岸线，加上约 300 万平方千米的海洋国土。在整个东半球来讲，比俄罗斯要强，比印度要强得多。和美国来比，美国是孤悬在西半球的北美洲，后来它强大了、扩张了，又和东半球产生关系；而中国本身就和北亚、东南亚、南亚、西南压、中亚都有联系，海上和太平洋毗邻，和印度洋临近，可以通过南海马六甲海峡通到印度洋，当然离大西洋和北冰洋稍远了一点。但是，中国古代"海上丝绸之路"通过南海、印度洋往西走。"陆上丝绸之路"从陆地上向西，总的方向都是向西，叫"西进"战略。这点，就连美国的专家也提到中国这种特殊的优势是少有的。

2017 年 5 月举办"一带一路"国际合作高峰论坛北京怀柔雁栖湖国际会议中心

? 反观历史，"丝绸之路"的发展可以追溯到汉代；历史上每当国家强盛时，"陆上丝绸之路"和"海上丝绸之路"的发展便会兴起。今天我国的综合国力和军事实力不断强大，此时提出"一带一路"战略是否正当其时？

李杰：毋庸置疑，是正当其时。历史上的"丝绸之路"自不待说，刚才提到我国古代的"陆上丝绸之路"和"海上丝绸之路"都是当时最强大的，尤其是"海上丝绸之路"。郑和七下西洋，他率领的编队，规模最大时曾经达到 2.8 万人左右，当之无愧的世界第一。今天，在世界上也没有哪一个国家的海军海上编队能有 2 万多人；美国航空母舰编队通常不足 1 万人，尽管它的航空母舰上有五六千人。从 1405 年开始，距今 600 多年前，海上编队能有这么大规模的，确实不简单，说明当时国家强大，海军力量在世界上首屈一指。

今天，我们首先要明确的是，中国占的地理位置和地缘战略区域环境太优越了。中国首先是处于欧亚非大陆得天独厚的地缘战略位置，本身就处在太平洋西岸；我们如今又是世界第二大经济体、世界第一大贸易国、世界第一大工业制造国、机器制造国……这么多的优势，中国和英国等西欧国家联手的话，再加上中亚地区、中欧地区还有西南亚地区，把中国大部分的产能和工业体系更好地重新配置，扩大内需，必将使整个欧亚非地区实现全面繁荣、共同发展。

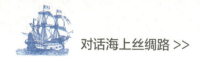

其次，刚才讲的欧亚非板块的南端，南非也是一个很发达的国家，是金砖五国之一，将来可通过"海上丝绸之路"和南非连通起来。长期以来，中国和非洲国家的关系非常密切；中国将来还可以将欧亚非地区和其他地区作为一个整体，更好地连通和发展起来。50多个非洲国家是我们很好的经济伙伴和坚实的合作基础。非洲发展起来了，整个欧亚非地区就能进一步、更好地发展起来。可以说，我们的前景极其光明，非常好。不可否认，美国的地理区位有它的优点和长处，但是也有它的不足。美国大量地海外派军，搞10艘大型和超大型航空母舰，建造大量的核潜艇、先进的巡逻机；迄今在世界各地仍设有800多个军事基地，在他国沿海前沿和地区部署有大量的兵力，实际上也消耗了大量的军力财力，因此军费巨大的美国也日渐感到入不敷出。在某种程度上，看得出来美国的军事力量和军费的削减，使得美国也有点捉襟见肘。

俄罗斯的国土面积为1 707.54万平方千米，是世界上陆地面积最大的国家。但是，就其地缘战略和地理位置来说，俄罗斯位置偏北，北冰洋目前只是在有限的区域和夏季较热的时间段内通航，总体上还是不太便利的。它的经济和制造业等方面的贸易程度远赶不上中国，整个地缘战略环境或经济实力远不如中国。印度在这方面也不太行。尽管有人说印度处于非常中心地带，是南亚大国，但印度受到整个环境的局限，特别是它的发展思路的局限，在地缘环境当中处于弱势。实际上，印度和巴西、南非这些国家更多地属于区域大国，严格意义上还算不上是一个世界大国；真正够得上世界大国就是美国、中国和俄罗斯。为此，我们必须运用好得天独厚但必须珍惜的战略机遇、地缘战略环境和区位优势，进一步把"一带一路"战略发扬、光大，有效地推行下去。

？ **应该说建好和用好海上丝绸路的关键在于，以重点港口为节点，共同建设畅通、高效、安全的运输大通道。如果这些运输通道遭到破坏和干扰，将会产生哪些危害？**

沈伟烈：我们现在的"海上丝绸之路"，既继承古代郑和下西洋的航线和节点，又有了极大的发展。一是中国本身综合国力和军事力量在增强，二是东南亚、南亚或者西南亚、印度洋国家本身也在发展，也有需求。"一带一路"战略的提出，顺应了时代要求，顺应了世界各国发展的愿望，"陆上丝绸之路"可以按照这个标准来衡量，"海上丝绸之路"同样适应了西太平洋地区、印度洋地区这些海上沿岸国家的发展需求。

另外，"海上丝绸之路"有两个大的方向：一个是由中国的东部沿海，通过南海，经过马六甲海峡或者印度尼西亚的那些海峡，进入印度洋。在印度洋地区不仅有缅甸、马来西亚、印度尼西亚等几个国家，还有南亚的六七个国家，西南亚的七八个国家，东部还有三四个国家。这条路线已基本上建立起来了。中华人民共和国成立几十年以来，中国和东南亚、南亚、西南亚，甚至一些欧洲国家都有联系（如中国和波兰建立了中波人才有限公司）。最初，主要是苏联阵营里面的一些东欧国家。后来，中国和法国、德国、英国建交以后，通往欧洲的海上的贸易、海上的运输就更加便利了。随后，中国和埃及的关系改善，中国可以通过苏伊士运河到地中海，再到大西洋，这个通道也比较顺畅。这条海上通路是"海上丝绸之路"最重要的一条。

2017 年 5 月 8 日，在联合国总部举办"一带一路"图片展

第二个方向是，从中国的东部沿海经过南海到印度尼西亚再往大洋洲就是澳大利亚方向、新西兰方向发展，也就是《推动共建丝绸之路经济带和"21 世纪海上丝绸之路"的愿景与行动》中提到的南太平洋地区。一个是西线，一个是南线。现在很多学者还提出除了西线、南线，还可以开辟往东面的通路，包括北美的美国、加拿大和拉丁美洲的墨西哥、阿根廷，中国和这些国家的关系，也都在改善，经贸往来比较多。中国可以通过巴拿马运河到委内瑞拉、古巴这些国家去。向东这条线路也在逐渐扩大。现在，"海上丝绸之路"的路线主要是南海、马六甲海峡、印度洋、苏伊士运河、地中海、大西洋；向南就是到澳大利亚、新西兰；向东也逐渐要向北美洲、

拉丁美洲发展。拉丁美洲的学者提出了一个名词"东越",他们认为中国的"一带一路"战略主要是"西进",还应该"东越","东越"就是越过太平洋到拉美去。

至于刚才问到这些运输大通道能不能搞得起来？实际上，已经基本上搞起来了。比如，在第一条主要的干线上，东南沿海的港口正在大力发展，像南海方向的三沙市已建立起来了，当然港口条件还不太具备，但是通过广州、湛江、海南岛、三亚这些港口，可以向南通过马六甲海峡向西。这条线路上的一些港口节点，可以说跟中国有着友好的合作关系，如越南、马六甲海峡问题不大，新加坡没问题，往西到缅甸、孟加拉，然后是斯里兰卡、印度、巴基斯坦，这几个围绕南亚印度半岛东西两侧的港口基本上都可以停靠。中国帮助建设这些港口，特别是缅甸的港口和巴基斯坦的港口。至于波斯湾地区的港口以及亚丁湾，中国过去花了很大工夫，现在因为当地动乱受了影响。再往西往北就是苏伊士运河，现在中国和希腊的一些港口也

延伸阅读

"海上丝绸之路"重要港口大盘点

中国三部委颁布的《推动共建丝绸之路经济带和21世纪海上丝绸之路的愿景与行动》提出，要"以重点港口为节点，共同建设通畅安全高效的运输大通道"。实际上，早在古代"海上丝绸之路"的开拓与发展时期，港口就起到重要的支撑与转承作用；尤其是当时的中国"海上丝绸之路"的主港，扮演着极其重要的开拓功能和基地作用。从公元3世纪30年代起，广州成为海丝主港；宋末至元代时，泉州超越广州，并与埃及的亚历山大港并称为"世界第一大港"。早在唐朝，明州便已是中国的大港之一；明朝初年，明州府改称为宁波府（今宁波市）；由于浙江地区历来就是鱼米之乡，也是建造唐舶之所，越窑青瓷产地，为其成为海外贸易的大港建设奠定了基础。

当今，"21世纪海上丝绸之路"主要有三条航线：东向航线由中国沿海港口至朝鲜、日本；西向航线由中国沿海港口经南海，至南亚、中东北非沿海各国，最终通过红海到达欧洲各国和地区；南向航线则由中国沿海港口至东南亚地区，再至澳大利亚、新西兰等国。

建立了很好的关系。所以说，这条线路上的节点和中国是友好相处、合作的，为中国解决了陆上行进的困难。当然，从中国东部沿海经过印度洋到大西洋的距离有13 000 千米；到波斯湾有 9 000 千米，运输时间长，应该采取合作共赢的办法，逐步改善中国与沿线国家之间的关系。

李杰：怎么样才能建好"海上丝绸之路"？发改委、外交部、商务部共同发表的《推动共建"丝绸之路经济带"和"21 世纪海上丝绸之路"的愿景与行动》提到了两个关键词，一个是以重点港口为节点，另一个是共同建设畅通、安全、高效的运输大通道。首先，是重点港口，刚才提到中国的世界大港越来越多，但是要向外航行 1 万多千米，到波斯湾也有 9 000 多千米，沿线如果没有很好的港口、基地作为节点，肯定完不成运输大通道的运输任务。比如缅甸的问题，尽管缅甸受到很多政治因素的干扰和影响，但是一些设施和项目还是处于有效的建设当中。再比如，孟加拉港口问题，

在"21 世纪海上丝绸之路"背景下，其中最主要的西向航线有可能起重要作用的港口包括以下四部分，大约 40 个：一是东南亚港口 12 个；二是南亚港口 8 个；三是中东及北非港口 13 个；四是东非港口 7 个。东南亚 12 个港口包括：胡志明市港（越南）、巴生港（马来西亚）、丹戎帕拉帕斯港（马来西亚）、西哈努克港（柬埔寨）、林查班港（泰国）、曼谷港（泰国）、新加坡港（新加坡）、丹戎不碌港（印尼）、丹戎佩拉港（印尼）、穆阿拉港（文莱）、皎漂港（缅甸）、仰光港（缅甸）；南亚 9 个港口包括：科伦坡港（斯里兰卡）、汉班托特港（斯里兰卡）、吉大港（孟加拉国）、蒙德拉港（印度）、尼赫鲁港（印度）、欣奈港（印度）、卡拉奇港（巴基斯坦）、瓜达尔港（巴基斯坦）、马雷港（马尔代夫）；中东及北非 13 个港口包括：塞拉莱港（阿曼）、迪拜港（阿联酋）、沙迦港（阿联酋）、多哈港（卡塔尔）、巴林港（巴林）、吉达港（沙特）、达曼港（沙特）、阿巴斯港（伊朗）、巴士拉港（伊拉克）、科威特港（科威特）、亚丁港（也门），以及塞得港（埃及）和亚历山大港（埃及）；东非 7 个港口包括：苏丹港（苏丹）、吉布提港（吉布提）、马萨瓦港（厄立特里亚）、柏培拉港（索马里）、蒙巴萨港（肯尼亚）、达累斯萨拉姆港（坦桑尼亚）和马普托（莫桑比克）。当然，随着今后形势的发展和贸易运输量的增减，部分港口会产生变化或出现增减。

斯里兰卡的科伦坡港口问题，巴基斯坦的瓜达尔港，现在这几个重要的节点正在加快建设中。例如，吉布提是亚丁湾和红海交汇处一个非常重要的地方，它对于中国走向西南亚或者地中海方向来说极其重要。长期以来，吉布提始终是一个各国激烈争夺的地区，美国在那里建有军事基地，法国和日本也都建有，日本还决定进一步扩建。吉布提总统曾经要求中国在那儿建军事基地，但是由于各种原因，目前只能建设综合补给点或者综合基地。"重要节点"不能仅仅体现在字面上，还应包含深刻的内涵，中国必须要有行动的能力和保障的能力。如果仅有行动的能力，而没有保障和支援的能力，那就达不到重要节点的要求。

另外，中国缺少在地中海上的重要港口节点，目前虽然有希腊和其他地区的一些港口（2016 年 7 月，希腊政府已经同意出售其国内最大的港口比雷埃夫斯港 67% 的股权给中国中远海运集团），但是目前在整个地中海的重要节点还是比较缺乏的。因为地中海东西长约 4 000 千米，南北宽约 1 800 千米，要在 250 万平方千米的海域内实现海上运输安全畅通，不受海盗、恐怖分子的袭击干扰，自然离不开关键节点的建设和保障。

位于非洲东北的吉布提美军基地

其次，怎么保证畅通、高效、安全？虽然这仅仅是六个字，但是要想达到这个要求，其实并不容易。实际上，在航行沿途有许多大国包括美国的军事基地，以及印度的军事基地和海上力量，还有多国在印度洋上的护航编队。印度现在对于中国海军力量进入印度洋是耿耿于怀的，或者说存有严重的戒心，特别是这一两年中国海军一些潜艇进入印度洋，印度就特别紧张或者煞有介事地称中国要控制整个印度洋，故意夸大其词造成不好的国际舆论。但是，中国的真正目的仅仅是为了保护交通线畅通，保护自己的海外利益。由此可见，中国如何保护重要节点，怎么样达到安全畅通是非常重要的。

将来，中英之间的贸易额绝对值要达到 1 000 亿美元以上。中国海上贸易的运输量还要大量增加。最近，法国总统和德国总理也陆续访华，因此中国和欧洲的贸易额、经济来往必然会进一步增加；而要达此目的，海上运输畅通至关重要。因为，海上运输量占我国全部运输量的 80% 以上，空运和陆运占比是比较小的；海上运输高效、畅通、安全、运输量大，所以一定要在海上运输下大功夫。

? 在"海上丝绸之路"沿途存在着多种力量，应该说这些力量不仅在互相角逐，而且互相起作用，中国如何与沿线的三大走廊，包括沿岸的 40 多个国家围绕"海上丝绸之路"建设互鉴互学、互利共赢？应该从哪些方面入手？

沈伟烈：中国"海上丝绸之路"经过三个大的经济走廊地区——东南亚、南亚和西南亚地区。在这三大经济走廊中，中国与大多数国家在政治诉求或者经济利益等方面有契合点。中国和东盟之间的关系比较密切，经贸来往比较频繁，中国通往东

沪昆高速铁路上的列车

南亚的经济走廊比较顺畅。此外，现在陆上通路也正在发展，从云南、广西通过高铁到新加坡，这个走廊正在建设中。陆上通路和海上通路结合起来，才能把东南亚地区的力量和中国的力量拧成一股绳，这对中国有利。至于南海的一些海洋权益问题、岛礁争夺问题，中国还是采取"我们不生事，但也不怕事"的原则，我们不会惹别的国家，还是要和平解决这些问题。

南亚方向主要是印度。印度和中国的关系有两大问题：第一个是中印边界问题，中国现在对此采取的是比较克制的态度。中印双方在 1962 年打了一仗，中国是胜

延伸阅读

你不了解的印度洋

印度洋位于亚洲、大洋洲、非洲和南极洲之间，为世界的第三大洋，总面积为 7 411.8 万平方千米，约占世界海洋总面积的 20%。印度洋的平均深度位居第二，为 3 839.9 米，仅次于太平洋；最深点阿米兰特海沟，为 9 074 米。

印度洋海底地貌错综复杂，除洋底中部有呈"入"字形的大洋中脊外，东部尚有东印度洋海岭和岛弧、海沟带；在海岭、海丘、海台之间分布着许多海盆。印度洋的大洋中脊，包括中印度洋海岭、阿拉伯－印度海岭、西南印度洋海岭和东南印度洋海岭。东部海域区被东印度洋海岭分割，两侧有中印度洋海盆和西澳大利亚海盆。中印度洋海盆南北纵贯，北部为恒河水下冲积锥所掩盖的斯里兰卡深海平原。西澳大利亚海盆北部与深海沟相接，东南部被海岭、海丘和海台分割，海底地貌复杂。除中脊海岭外，印度洋海底还有许多近似南北向的构造带；这些构造带相互平行，绵延很远。西部海域区海底地貌最复杂，它被海岭和岛屿分割，分为索马里海盆、莫桑比克海盆和马达加斯海盆。南部海域区海底地貌比较简单，分为三个海盆：克罗泽海盆、大西洋－印度洋海盆和南极－东印度洋海盆。印度洋大陆架平均宽度比大西洋狭窄，大陆坡的坡度也较小，大陆边缘地貌的突出特点是大陆隆或海台较多且分布较广。

利方，但是中国没有过分宣传，而是和印度和平共处。中印边界基本上是稳定的，逐渐缓和的。中国不会主动挑起边界冲突。不过如果印度想挑事儿，必然会受到一定的限制。在喜马拉雅山山区进行战争不论对于印度还是对于中国，都比较困难。

现在，中国同印度几个港口的关系，当然不如中国与巴基斯坦、缅甸的、新加坡的关系好，这里面还需要协调。如果中国再通过西藏、尼泊尔、印度和缅甸、孟加拉、印度这两个线路把整个经济带连通的话，就会影响到整个印度对于海上路线的关注，中国和印度还是要和平共处的。至于西南亚的阿拉伯地区、波斯湾地区，中国采取了比较正确的立场，中国不介入，希望他们双方和平，这种战略措施使得西南亚、

印度洋中有很多岛屿，其中大部分是大陆岛，如马达加斯加岛、斯里兰卡岛、安达曼群岛、尼科巴群岛、明打威群岛等。留尼汪岛、科摩罗群岛、阿姆斯特丹岛等群岛为火山岛。拉克沙群岛、马尔代夫群岛、查戈斯群岛，以及爪哇西南的圣诞岛、科科斯群岛都是珊瑚岛；马达加斯加岛则是南回归线穿过最大的珊瑚岛。

印度洋大部分海域位于热带、亚热带范围内，被称为热带海洋；比之同纬度的太平洋和大西洋海域气温高，具有明显的热带海洋性和季风性特征。海域气温随纬度改变而变化，全年平均气温为15~28℃。赤道地区全年平均气温约为28℃，有的海域高达30℃。在印度洋北部，夏季气温为25~27℃，冬季气温为22~23℃，全年平均气温25℃左右；其中阿拉伯半岛东西两侧的波斯湾和红海一带，夏季气温常达30℃以上，而索马里沿岸一带的气温最热季节一般不到25℃。在印度洋南部，夏季气温，在南纬20°附近为25~27℃；南纬30°附近为20~22℃；南纬40°附近约为15℃，南纬60°附近约为0℃左右；冬季气温，南纬20°附近22~23℃，南纬30°附近15~17℃，南纬40°附近为12~13℃，南纬60°附近低达−10℃。印度洋的降水量以赤道带最丰富，年降水量2 000~3 000毫米。降水季节分配比较均匀：印度洋北部，一般年降水量2 000毫米左右，2/3的降水集中在西南风盛行的夏季；而东北风盛行的冬季，降水量较少，是热带季风气候分布区。红海海面和阿拉伯海西部，全年降水都很少，年降水量约100~200毫米，为热带沙漠气候区。南印度洋的广大海域，全年降水一般在1 000毫米左右。

中东地区的人民和政府认为中国对他们是比较友好的。他们认为中国不是在中东地区扮演破坏力量，而是起了一个和平谈判、促进和平解决的作用。中国与三个经济带通过陆上和海上通路连通，使得中国海上这条大的运输线更高效、安全、方便。

？ 聊了这么多"一带一路"所涉及的地缘战略思想，再来展望一下未来。今后，我们应该如何瞄准建设海洋强国这一目标，融会贯通古往今来的地缘战略思想，更好地发展"海上丝绸之路"战略呢？

李杰：我们在刚刚的讲述过程当中，已经谈到了。再进一步说，中国首先要认识到自己的地缘战略思想是在新形势、新条件下实施的，要发展和调整面向 21 世纪的、全球的、全面的地缘战略思想。这里，有两点必须是全新的。第一点，过去讲的"全面战略合作伙伴"，必须有所发展、有所提高。今后，我们首先要确立的是面向 21世纪战略合作；在未来的整个世纪里，我们都要从瞄准最新的，力争跨越整个世纪的发展关系来统筹，来考虑。也就是说，我们要考虑今后 100 年的事，而不仅仅只是短期、短暂的眼前利益和有限目的的发展。

第二点是"全球"，中国绝对不能仅仅站在本国的立场和利益，或者地区的立场和利益的角度来考虑，一定要有全球视野，要与绝大多数国家共同谋发展。这两点非常重要！刚才我们一再谈到，中国处于欧亚非大陆的东端，太平洋的西面，中国有得天独厚的地理区位、地缘战略优势。英国处于欧亚非大陆的西端，中英两国都拥有强大的经济体，且中英两国都是联合国安理会五大常任理事国；倘若中英两国强强联手，再把中间地带的中亚、西亚、东欧、西欧，乃至非洲等其他国家共同带起来，联手起来，共同发展，就能取得合作共赢，获取利益的最大化。这是中国在本世纪要做的事，也是全球未来要竭力完成的事。

同时，我们刚才提到还要面向非洲。如果再把南非也作为一个高地的话，把亚洲、欧洲、非洲三个节点连接起来，欧亚非将会成为世界上最强大、最高效的共同体。我认为这样中国就能够永远地在世界上立于不败之地，就能实现中华民族伟大复兴的中国梦。其中包含两个方面：第一，建立新型的大国关系。建立新型大国关系，不仅包括和美国的关系，而且还有其他许多国家的关系；此外，与南非、印度、巴西等都要建立好新型大国关系。建立新型大国关系就能够使整个世界保持稳定、和平、发展。

第二，要团结新兴国家力量。刚才沈老师讲的三大经济走廊带，虽然目前这些国家经济总量和发展程度可能远不如中国，但是这些国家将来的发展潜力很大。两端高中间低，如果把广大的、较低的这块中间地带全部带起来，形成整体上的高原或者平原，世界经济总量将整体大幅上升。可以说，只有团结好广大的新兴国家，创造真正的、全球的、世界的命运共同体，才能够把"一带一路"战略思想或者地缘战略思想发扬光大，真正贯彻好。

2017 年 4 月 10 日，首趟中欧班列（伦敦—义乌）正式启程

? **沈教授如何看待这个问题？**

沈伟烈："一带一路"既是中国特色的地缘战略，又是全球性的地缘战略。"一带一路"战略不是短期的，也不仅仅只有 30 年或 50 年，而是整个 21 世纪甚至 22 世纪的发展战略，是一种全面的、长期的地缘战略。那么，能不能把西半球也扩展进来？这是我们的设想，如果中国和美国的新型大国关系有了共识，那么合作共赢思想就会变成全球性的、主要的国际关系理论，包括全球所有的国家和地区，不仅有大国还有中小国家，不仅有发达国家还有发展中国家。我们在联合国大会里面专门提到中国是最大的发展中国家，中国要带动发展中国家共同发展、共同繁荣，使全球变成地球村，中国的地缘战略思想将会推动地球村的实现。

第四章

法律空间

李杰研究员

刘楠来教授

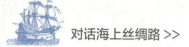
　　"一带一路"是攸关中国改革开放大局的重大战略构想,但"一带一路"的建设不可能一蹴而就,具有复杂性和长期性,需要多方面的保障,而法律就是其中必不可少的一项。

? **"一带一路"的建设和发展离不开法律的保障,那么具体都需要掌握和运用哪些法律?**

　　刘楠来:"一带一路"的建设和发展要通过人和人、机构和机构、国家和国家之间的交往来实现。为了保证这种交往能够有序地进行,就必须要有一套法律来加以规范,哪些行为是可以做的,哪些行为是应当做的,哪些行为是不能做的。只有这样才能使整个交往有序地顺利进行。在交往过程当中,免不了会发生一些纠纷,这些纠纷到底怎么解决,也都需要从法律上加以规定。

　　一般采用两种规范:一种是道德规范,另一种是法律规范。法律规范人们的行

延伸阅读

中国法律发展简史

　　中国的法律历史源远流长。如果从夏朝算起,中国的法律历史已有4 000多年。更重要的是,其不仅经历时间悠久,而且一直没有中断过;因此有着完整的系统性、内在的联系性,以及日臻完善的过程。这在世界法律史上是少有的,因为其他文明古国的法律历史都曾经有过中断。

　　早在夏朝、商朝、周朝三代,分别有过禹刑、汤刑、九刑;此外还有法经(法经可以说是一部初具规模的封建性质法典)。从春秋战国以后,历史进入了秦国统一的时代。秦统一前后,它的法律奉行法家的学说,强调法律的治国作用;而秦后期,由于用法变成任意施刑,以致破坏了法制的原则,也造成秦短暂之间就被灭亡。汉朝总结这一历史教训,确立了以儒家思想作为其立国指导思想;此后,以儒家学说的核心"君为臣纲、父为子纲、夫为妻纲"三纲,被确认为立法的指导原则,并作为汉朝法律最核心的内容。魏晋南北朝时期,

为，道德也规范人们的行为。道德规范就是所谓诚信的问题。做人要有诚信，国家跟国家之间也有诚信问题。这种道德规范是没有约束力的，可以遵循，也可以不遵循，所以其在调整人们的行为当中的效果是有限的。国际上，需要一种法律规范来调整人们的行为。法律规范具有约束力，对于怎么做有规定，你不这样去做就会造成一定的法律后果，就要承担责任。这种性质决定了法律规范具有比较有效的约束作用。

"一带一路"建设的活动主要是经济活动，经济活动需要有法律来加以规范。市场经济是法制经济，法制经济就需要通过法律加以约束，规范人们的行为，到底哪些行为应当做，哪些行为不应当做；做了不应当做的，就要承担一定的法律后果。从这些方面来看，推进"一带一路"建设中的法律建设，能够起到保障的作用。至于有哪些活动需要哪些规范，不同领域活动需要不同领域的规范加以约束。

"一带一路"涉及的方面非常多，除经济外，也涉及文化、旅游。由于活动多，法律规范也是多方面的。法律分国内法和国际法，从我们国家参与"一带一路"建设来说，首先要遵守国内法。

法律进一步加深了儒家文化思想的影响。到了封建盛世的隋唐，因为隋朝短暂而亡，所以唐朝的法律制度就成为封建法律制度的成熟和定型期。而唐朝以后的法律就基本上是以唐律为楷模的。进入宋朝，民事法律迅速发展，民事诉讼制度也快速发展起来。而到了元朝，行政法和诉讼法有了长足的发展。明朝、清朝是中国封建社会最后两个朝代，自然它们的法律特点就具有封建王朝法律的完备性和延续性。民国时期，中国的法律开始进入一个新的阶段，颁布了《中华民国临时约法》，宣布了清王朝封建统治的灭亡，同时也以根本法的形式废除了中国2 000多年封建主义专制制度，确立了新的法律制度。

1954年，我国正式对外颁布了《中华人民共和国宪法》。这部中国有史以来的第一部宪法，不仅标志着中国正在努力构建法治社会，而且将不断完善法律体系。当然，向法治目标迈进，决非仅靠制定几部法律就可实现，而要靠长期的实践和持续的努力。

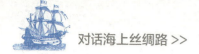

"一带一路"建设有一个很重要的特点：涉外性。不同国家的个人、法人和机构之间的交往，仅有国内法是不够的。国内法管不了外国人，管不了国家与国家之间的活动。这些国家与国家之间的活动和涉及外国的机构和个人的活动，主要适用国际法，需要国际法方面的规范。从内容方面来说，它的范围很广，有政治的、经济的、文化的、社会的法律规定。国内法不光要考虑到我国的国内法，还要考虑到其他国家的国内法。我们跟外国人打交道，"一带一路"上的经济政治文化活动首先要遵守的是各国的国内法。我们考虑"一带一路"建设当中遇到的法律问题，首先是本国的国内法是怎么规定的，也要考虑到其他国家的法律是怎么规定的，还要考虑到国际上有关这些活动到底有哪些国际法的规定。

？ 我们有本国的国内法要遵守，外国人也有他们本国的国内法要遵守。除此之外，还有一些通行的国际法。那么针对不同的人、法人以及一些机构，我们应该有哪些法律建议呢？

李杰：刚才刘教授说得非常全面。目前，中国处于一个什么样的环境？我们推行"一带一路"战略的时候，陆上面临着国内法和国际法的接轨、融合，面临着怎么样沟通，怎么样执行，怎么样解决这些问题。很多专家学者经过研究认为：中国不光要了解本国国内法，还要了解其他国家的国内法，更要充分了解国际法，必须把这几者理解好、协调好，才能运用好。"一带一路"仅陆路沿线就有 64 个国家，这 64 个国家性质彼此不同，差异较大，有资本主义国家，也有社会主义国家，还有伊斯兰国家等；除社会制度外，沿途的宗教也五花八门，诸如基督教、伊斯兰教、佛教等；还有种族之间的矛盾，同是穆斯林当中，逊尼派、什叶派差别颇大。"一带一路"将经过国家、宗教、种族复杂多样，纠纷不断、战火频仍的广大地区和宽阔海域，约占全世界 193 个国家当中的 1/3。

比如，沿途各国、各地区因社会经济发展不同、资金投入差异、技术水平高低等，使得彼此间的基础设施建设都不一样。中国两条欧亚贯通的大动脉畅通，从中国境内出发没问题，但一出国之后就存在着一个非常麻烦的问题，铁路轨道的轨距不一样，一会从宽变窄，一会从窄变宽，货柜必须重新吊装，从而增加了成本、增加了时间。这些基础建设设施当中的不完整、不匹配该怎么办？必须有一套统一、完整的规定；某种程度上，这些规定和制度就是法律。

正在欧亚铁路施工的中国工人

再比如,通信设施方面。各个国家之间的人员信息的交流必须有完善的通信设施,但是语言问题、宗教问题、动乱问题,使得相互间的通信设施建设,铁路、公路设施建设之后的联通就成为一个非常关键的问题。各国之间的贸易壁垒,以及投资的运行与障碍,实际上都要有各种各样的法律来加以保护,加以限制。举一个很简单的例子,哈萨克斯坦就不是世界贸易组织成员,而中国是世界贸易组织成员,我国的货物到它那儿去,那就存在着和非贸易组织成员之间的通关制度和关税问题。怎么解决,就得有一套法律制度来规定,来要求。如果没有一套法律制度来约束、来规定、来保障的话,就可能出现关税要增加的问题,按照国际进口关税要求会增加20%;如果沿途这么来回折腾,那么中国货物出口到欧洲,价格就要发生很大变化,很难被其他国家所接受。

一系列法律的产生与制定,除了要考虑两个国家之间的关系,还要考虑众多国之间的关系,需要这些国家都来执行和遵守,包括对国际法的共同遵守,对其他法律的共同维护和制订,现在我们正在逐步尝试或者深入落实这些工作。但是,要这么多国家全部都遵循一个标准,确实有待时日或者需要有一个协商、谈判的时间。当然,可以设想,这些国家之间确实要根据各自的情况进行双边的或是多边的谈判协商和交流沟通,共同制订;要想沿途都很畅通的话,必须先完成或者加快完善这些法律条约的制定,才能确保"一带一路"各方面的畅通,否则"一带一路"就还是纸上谈兵。

? 在"一带一路"的沿线有60多个国家和地区，应该说中国和这些国家和地区之间的政治共识、合作，只有首先达成了法律上的条文和保障才能够予以操作。我们应该如何与这些沿线国家加强法律的协调？

刘楠来：由于国情不一样，各个国家的需求和要求也都不完全一样，各个国家的法律规定是不会完全相同的。当然，现在世界经济发展到这个程度，经济全球化越来越深入，国家之间的利益有共同的地方和不同的地方，因此法律也不完全一样。为了国家之间能够很好地交往，需要协调不同地区之间、国家跟国家之间的法律规定，制定出大家都能接受、都能统一执行的法律规定。出现了问题怎么解决？通过双边或者多边的国际协定来进行。例如，我国与其他国家之间签订自贸区协定，彼此之

延伸阅读

世界主要法律体系简介

目前，世界上主要存在两大法系：大陆法系和海洋法系（也称英美法系），涵盖了当今世界上的一些主要国家。大陆法系发源于欧洲大陆的德法两国，主要以成文法为主，故而称为大陆法系或成文法系；大陆法系的法官审理案件时，通常首先考虑制定法如何规定，然后按照有关规定和案情作出判决。法国、德国、意大利、日本等均采用大陆法系。海洋法系则起源于英国，发展于美国，以判例法为主，因两国均为海洋国家，故又称为英美法系或普通法法系。英美法系的主要特点是注重法典的延续性，以判例法为主要形式。英美法系法官审理案件时，首先考虑以前类似的判例，将本案的事实与以前的案件事实比较后，得出可以适用于本案的法律规则。采用英美法系的国家主要包括：美国、加拿大、印度、巴基斯坦、孟加拉、马来西亚、新加坡、韩国，以及非洲的个别国家和地区。

由此可见，两种法律体系在法律分类、宪法形式、法院权力等方面存在一定的差别。中华人民共和国（除香港外）曾借鉴过大陆法系，并在此基础上逐渐形成了具有中国特色的社会主义法律体系。

间可以相互免关税；像投资保护协定协调两国间不同的法律规定，不是单纯适用本国法律，而是适用已经达成的双边协议或者多边协议。这些双边协议、多边协议是通过谈判，大家相互都同意的，都愿意执行，而且既符合本国利益，也能满足他国的要求。这是当前国际上各方进行经济合作通常采取的办法。

再看签订多边协定。像刚才谈到的世界贸易组织，世界贸易协定是由多个国家共同商谈以后签订的，但一开始参加世界贸易组

世界贸易组织标志

织协定的国家是比较少的，后来其他国家也接受有关规定就参加进去。这个世界贸易协定就属于国际化的，大家都接受的。这里面存在着一个协调国际法和国内法关系的问题；国际法要求，既然参加这个协定和规定，那就有义务去执行，包括修改本国的法律去执行。

我们修订了国内法的好几百条条款，目的是使国内法的有关规定同世界贸易组织协定相协调，这是一种国际上常用的办法。有人说这是不是不符合我们国家的利益，侵犯了我们国家的主权？制订法律是我们的主权行为，我们根据参加的国际法来修改，这也是主权行为，而且这样做符合国家的利益，所以这既是履行国际法义务，也能更好地提升和改善国内法，对我们有利，也是符合我们国家的利益和意愿的。

? **在遵循国内法律的基础之上，我们与"一带一路"沿线国家和地区签订了一系列双边或者多边协议，以履行和遵守国际法的要求和规则，甚至修改、调整国内的相关法律。**

李杰："丝绸之路"陆上沿线有 60 多个国家，海上沿线还航经或停靠三四十个国家。除了国和国双边之间，比如说中国和哈萨克斯坦两国之间，制定一系列协定，同时还可以通过一些其他的模式，比如像"走廊模式"来加强各国间的合作与贸易往来。中国这些年建立了中巴经济走廊、孟中印缅经济走廊等模式。中巴经济走廊目前还仅是双边模式，将来中国和巴基斯坦如果搞好了，还可能有其他国家参加。

再一个就是孟中印缅四国之间的经济走廊模式，既有印度，又有孟加拉，还有

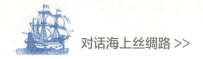

缅甸，中国可以和这几个国家通过经济走廊这种模式来很好地协商，解决彼此之间的贸易壁垒、投资障碍，这就不光是双边了，涉及四边或多边。

另一种模式是共同体模式。比如说上合组织是中国和中亚五国之间的组织，有运行的便利条件；如今印度、巴基斯坦也都参与进来了，还有很多观察员国；这些都可以很好地利用。再一个是自由贸易区模式。比如，中国和东盟十国之间的自由贸易区，是世界上最大的发展中国家的自由贸易，年贸易额超过 4 800 亿美元，将来还要继续增加，2020 年力争达到 1 万亿美元。总之，除了国与国之间外，还可以运用其他多种模式来解决"一带一路"上可能存在的各种纠纷与矛盾，甚至解决一些障碍，争取达到合作共赢，共同发展，共同推进的战略目的。

？ **无论是多边协议、双边协议，还是上合组织等多种形式，都很好地维护了国家的利益和国家的意志。但是，我们不得不谈到一点，就是在"21世纪海上丝绸之路"的建设方面，比如说海上货物运输、海上油气输送等方面，应该说法律也有一定的约束和限制。请详细解读一下这些约束和限制。**

刘楠来：海上货物运输、海上游轮往来、海上油气输送等都有一个共同点，就是海上航行的问题，具体内容不完全一样。有些是输送货物，有些是输送旅客或者输送油气资源，但都是通过船舶在海上航行运送的。从法律上来讲，针对不同运输的对象都有一些具体的规定，货物运输有货物运输的规则，旅客运输有旅客运输的规则，油气资源有油气资源的规则，都是些专门的规定。

海上的运输过程当中，主要会碰到什么法律障碍或者法律风险呢？不同的海域实行的航行制度不完全一样，这是需要注意的，也是在实践当中需要解决的。比如国际法海域制度大致可以分这么几类：一个是内水，一个是领海，一个是专属经济区，一个是公海。这几种海域的航行制度是不完全一样的。像内水，得不到沿海国的同意，其他国家的船舶是不允许进去的。要进去就要首先征得沿海国的同意，要办理准许进入的手续，得到批准之后船才能到内水里面去。

领海制度就稍微松一点。领海应实现无害通过制，即不需要得到沿海国的事先同意，就可以进去。当然，军用船舶跟民用船舶在这方面是有区别的。民用船舶享有无害通过权，可以不经过允许进入一国领海；但军舰问题比较复杂，各国的规定是不完全一样的。

　　原则上，一些国家认为军舰也有无害通过权，不需要得到沿海国的同意进入沿海国的领海。但也有一些国家则规定，军舰进入自己领海，事先要经过同意或者通知。中国就采取这种制度，商船进入我国领海不需要事先通知，也不需要得到事先批准，只要无害就可以。但军舰要进入我国的领海，事先一定要得到中国的批准。当然，像中国这样规定制度的国家有 20 多个。我国船舶如果要进入其他国家的领海，就需要了解这个国家关于船舶通过的制度到底是怎么规定的。如果这个国家规定军舰进入该国领海时需要事先通知，那么准备进入其领海时，就应提前通知人家。

行进中的美国"小鹰"号航空母舰

　　还有一个管辖海域叫专属经济区。按照《联合国海洋法公约》的规定，它有航行自由，商船、军舰都可以自由航行。我国的专属经济和大陆架法中也规定，外国的船舶在我国专属经济区内也有航行自由。所谓航行自由，就是说不需要事先通知、事先批准，就可以通过我国的专属经济区。但是，在专属经济区航行自由也不是绝对的，并不是不受法律约束。外国船舶到一个国家的专属经济区航行也得遵守沿海国的有关法律规定。比如说沿海国可以规定你只能走哪条航道，这条航道应该遵守哪些规定，各国可能有一些不同的规定。我国船舶要航经他的专属经济区时，也

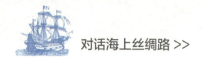

得了解一下该国有关通过专属经济区时应该遵守的规则。

在公海上航行的自由度是很大的，基本不受限制。在公海上航行时，只要不影响到其他国家航行自由就可以了，自由度比较大。不同的海域航行制度是不一样的。为了航行方便，不至于引起一些麻烦，需要事先充分了解各个国家有关海上航行的规则。这方面各国的规定是不完全一样的。

? **当中国的船舶通过国外的领海海峡或者非领海海峡时，需要具体遵循哪些条款，存在什么风险？**

李杰： 我想再强调两句。美国等强势国家为什么要搞领海无害通过？实际上就是为了美国军舰可以自由通过。因为美国军舰技术先进、实力很强。它主张所谓的无害通过，即想达到不通知对方就可以直接进入领海的目的。但这是违反包括中国在内的几十个国的家规定的，我们是反对的！美国军舰火力那么强，别说导弹，就是火炮都能在距离 22.2 千米（12 海里）的舰上打到岸基目标。这对其他国家来说，是一种伤害或者是一种威胁。

比如，最近的南海问题，美国口口声声说缺乏航行自由，没有航行安全，这根本就是个骗人的鬼话。即使现在情况下，不讲九段线之内的中国固有海域，就讲这次包括"拉森"号导弹驱逐舰进入中国岛礁领海之内，首先已经违反了国际法及中国相关的法律规定；美国舰机多次入侵，中国曾八次喊话，严重破坏国际法和《联合国海洋法公约》。实际上，在南海的航行自由和航行安全，美国船舶从来就没有受到过任何挑战或者安全威胁。

就像刚才刘教授所说，一定真正要做到知己知彼。"21 世纪海上丝绸之路"要经过的国家海域很多，其中一条主要航道要经过太平洋、南海、马六甲海峡、印度洋、地中海，沿途要进入或准备停靠许多国家的港口进行补给或休整时，就会遇到如何遵守各种领海制度的问题，以及遵守专属经济区的相关规定的问题。在专属经济区里，也不能搞那些危害他国的行动。

对于沿海国家来说，无论是其领海或领空，各类船舶进入的时候都可能会搭载直升机，大型战舰上还会有各种舰载机，因此对于他国领空领海、专属经济区，乃至公海等问题一定要了解清楚。只有知己知彼，才能正确应对，有效处置。全世界各国都遵守，全人类都遵守，就像这次世界气候大会一样，对减少碳排放达成共识，大家共同遵守，这个世界就会比较安宁，就能保持和平，海洋才能更加和谐，"一带一路"战略才能够有效、平稳、安全地推进下去。

美国 MH-60 舰载直升机

刘楠来：再补充一下。在专属经济区里面外国船舶是有航行自由的，但其中有一条法律规定，专属经济区内只能用于和平目的，外国船舶进来特别是军舰进来也得遵守这条规定，不能对沿海国行使武力，不能威胁到沿岸国的和平与安全。这是海洋法的明文规定。"无瑕"号、"鲍迪奇"号到中国专属经济区活动，中国方面提出反对抗议，就是因为它在我国专属经济区从事危害国家安全方面的活动，所以不能滥用航行自由威胁到我国的安全，这是不能允许的，也是不符合国际法的。

? 海洋要用于和平目的，外国军舰如果对我国构成一定威胁的话，我们要坚决抗议与反对。包括中国护航的海军军舰在内的船舶，如果要进入外国的港口，需要遵循哪些具体的法律才对我国最为有利？

刘楠来：军舰与商船是不一样的。无论是国家所有还是民营的商船，都是一种没有武装的船舶，是为了旅客跟货物的运输而使用的一种运载工具。无论到什么地方，商船一般不会对沿海国家的安全造成威胁，所以在国际上对于商船的航行基本从有利于在海上航行来规定一些制度，是相当宽松的。商船到一个国家领海无害通过，

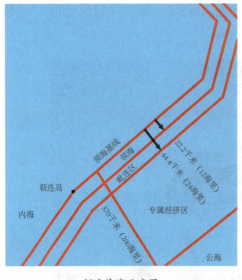

领海基线示意图

不需要沿海国的同意就可以；进入一个国家的内水当然是需要事先同意的，沿海国一般都不会阻拦。军舰在海上的航行就不一样了。军舰是武装船舶，如果靠近沿海国的海岸，就有可能对沿海国的安全造成一些威胁或者潜在威胁。过去打仗需要宣战，今天好像宣战在国际法上的要求也不是那么明显，经常发生一些偷袭的情况。

世界各国对外国军舰进入自己的领海或者内水都抱有一种警惕的心态。事实上，关于军舰进入领海，各国态度是不完全一样的。美国这样一些国家，由于其海军力量很强大，而且有着全球的战略，要保证它的海军在世界各大海洋能够自由航行，所以它一般主张进入其他国家的领海可以无害通过而不需要得到你的同意。除了美国以外，有些海洋大国也持这样主张，像英国、法国、日本、苏联。苏联最初要求事先通知，但后来这个立场改变了，也说可以无害通过。

但有些国家为了本国的安全考虑，要求外国军舰进入其领海事先要得到的批准。中国 1958 年发表的《领海声明》做出这样的规定，后来在 1992 年通过的《领海及毗邻区法》里也这样规定，外国军舰进入中国领海需要得到事先批准。但这个问题在第三次海洋大会上有很大的争论，没有达成一致意见。当时，在会上主张军舰无害通过权的国家比较多，反对军舰有无害通过权的国家就提出修正案，即沿海国可以采取一些维护本国安全的措施来抵消规定造成的安全威胁。讨论来讨论去都不能达成协议，最后由大会主席作为主席发表声明："这个修正案我不提出表决，但是不影响你采取维护国家安全的措施。"实际上是接受了主张军舰不能行使无害通过权国家的意见。

我国 1992 年《领海及毗邻区法》规定，军舰进入中国领海应当得到中国政府的批准，这就是根据大会主席的声明采取的安全措施。应当说，这个问题在国际上有争论，但两方面都有它的法律依据。

现在也有人提出这样的问题，中国主张外国军舰进入我国领海要得到我国批准；那为什么中国进入美国的领海，就不需要征得美国政府的批准，好像不平等。实际上，我们是按照法律来办的。中国的法律规定，外国军舰进入中国领海要得到批准，要按照中国的法律来办。美国规定，它的领海外国所有船舶包括军舰都有无害通过权，因此经过美国领海是按照美国的法律来办，美国法律允许我国军舰无害通过。我们严格按照法律来办，并没有所谓互惠原则、平等问题。

知名的 AK-47 自动步枪

　　李杰：我也非常同意！现在不管对法律怎么理解或者怎么执行，任何国家只要制订了这样的法律，我们就应按他国制订的法律要求来办。如中国要求外国军舰进入领海须事先通报，就必须事先告诉我，必须要考虑我自身的安全。美国规定不通报我就照此办理。就像中国对枪支器械进行控制而美国不进行控制一样，美国最近出那么多枪击案就是因为包括重型枪支都能随意购买，才造成那么大的杀伤与危害。美国的法律制度规定，可以拥有枪支；而中国规定，个人不能拥有枪支。这也很好理解，因为两国法律制度不同。

　　在未来的"海上丝绸之路"战略推进过程中，我们一定要坚决按照法律制度和程序来执行，即要求他国在我国领海及其他相关海域，必须严格按照《联合国海洋法公约》和本国国内规定"遵章循事"；而我们到其他国家也必须严格遵守其他国家的海洋管理规定和制度，如港口制度、海峡制度等。我们都要按照法律制度来办，你进入我的"一亩三分地"，即进入我的海域、港口时，必须按照我国法律、规定来办。

　　?　**不同的国家法律规则都是从本国的国家意志和国家利益出发制定的，彼此或多或少存在着矛盾冲突。中国的海上力量在保卫海上丝路建设的时候，可能遇到哪些法律问题或者法律纠纷，应该如何规避和解决？**

　　刘楠来：维护海上的安全也得看遇到哪些问题。海上的安全，一个是传统的安全，另一个是非传统的安全。传统的安全就是两个国家进入战争状态直接威胁到的安全。非传统的安全，比如在我们的"海上丝绸之路"经过的南海、马六甲海峡往西，在

索马里海盗

那不勒海域，海盗比较猖獗，在索马里海域海盗也曾经比较猖獗，我国还派了军舰到那个海域进行护航，这是非传统的安全威胁。在发生战争的情况下，也有一些是本国参与的战争或者其他国家发生战争，在那些海域我们的船只通行也可能会遇到一些麻烦。发生战争的情况下，有一个尊重中立国即没有参与战争的国家的通行安全方面的要求，不能危及不参与战争国家的船舶安全，这在法律上也是有相应的规定的。在我们的安全遭到威胁的情况下，可以对这些交战国进行交涉，让他们提供方便。

在我看来，非传统安全问题，主要是通过我们的军舰护航去消除。像海盗问题，曾经严重影响海上安全，直到现在也是海上安全的很大威胁。海盗被认为是人类的公敌，国际法上有规定，不管是出现海盗的国家还是海盗船舶的船旗国，都有权去打击海盗；所有国家都有权去打击海盗，同海盗进行斗争，而最直接的办法就是派海军去打击海盗。这一点我们在索马里海域做得比较好。

如果进入一个国家的领海去打击海盗，比如到索马里领海范围内打击海盗，可能会出现一个问题：外国军舰能不能进入索马里的领海，按照一般的国际法，是不能随意进一个国家的领海去打击海盗。为了打击索马里海域的海盗，国际上做了一些规定，联合国安理会通过一个决定，授权一些国家可以进入该国领海打击海盗。同时，索马里也做出决定，允许其他国家的海军进入它的领海去打击海盗。有了这方面的决议，中国军舰进入索马里海域即便领海也没有法律障碍，合理合法。到其他国家领海里打击海盗时，一是要得到领海国的同意，另外联合国也可以授权进入一个国家的领海打击海盗。通过上述举措就可消除一些法律上的障碍。

李杰：用海上力量保卫"海上丝绸之路"航行途中的安全非常重要。海上力量一般是指海上军事力量。我想到两个问题。第一个问题，在保卫"海上丝绸之路"运输通道过程中，海上力量可能受到美国在内的一些大国的阻挠或挑衅滋事。在这个过程当中，可能会出现各种纠纷和麻烦，特别是前不久日本解禁了集体自卫权，已可以在世界各地海域用兵；近期它又重新修建了吉布提基地，向该基地增派兵力，包括增加反潜巡逻机数量。实际上，美国在吉布提地区也设有该地区最大的一个军事基地。在这个军事基地，美军驻有 4 000 多名特战队员，对这个地区影响非常大，行动也非常快捷，将来很可能再以某种形式来加大对中国"海上丝绸之路"的干扰，乃至故意制造一些纠纷，对中国各种行动制造不利和麻烦。怎么应对？首先要和美国通过政治、外交、经济，包括军事上的各种斗争、谈判，即政治上不能拆台，外交上要向美国提出警告，军事上要做好军事斗争准备。要使美国清楚：只有两国建立和保持好新型大国关系，既不拆台，更不搞小动作，两国才能合作共赢、共同发展。

　　第二个问题是海盗。未来"海上丝绸之路"沿途不光是亚丁湾索马里海域有海盗，马六甲海峡也有海盗，而且后者的海盗猖獗程度甚至超过世界其他海域。据 2014年统计，马六甲海峡海盗行动数量约占全球的一半，比亚丁湾索马里海域海盗出现频率还要高，且有时烈度更高；只是因为管控比较好，美日等大国也都进行了干预，周边地区各国也建有一定的反恐机制和力量，才未能成为海盗重灾区。为了彻底解决安全问题，曾经有专家学者提出，我国也参与到联合搜寻反海盗机制中，共同维护马六甲地区的安全航行和畅通，而不是仅仅由美国、日本等国主导。这是因为一旦出现危机情况，假如美日等国严密掌控马六甲海峡，对中国很不利，对中国的海上运输通道安全很不利，对中国的战略资源获取很不利。这也是中国要重点考虑的问题和要避免发生的不利局面。总之，我们一定要谋定而动，主动出牌，要尽可能拓展思路，力争采取与以往不同的思路和方式来解决问题，解决好问题。

？ **在"一带一路"战略的建设过程当中，离不开咱们国内法和国际法的协调；在具体实施过程当中，我们如何才能达到合作与共赢？**

李杰： 合作和共赢是一个美好的目标，但决不能是一厢情愿。当前及今后一个时期，我们要积极推进"一带一路"战略、建立海洋强国，切不可仅仅凭借自身的国内法或者目前可能遵循的一些国际法和《联合国海洋法公约》来制订"21 世纪海上丝绸之路"进程当中的各项规则和程序，而是一定要和沿途的各个地区国家沟通，尊重各国的法律条款及相关地区及国家传统、风俗和文化等，并采取多种模式，包括刚才讲的走廊模式、共同体模式、合作组织模式等。要和这些国家、地区乃至

联合国海洋法公约

组织采取多种模式，分门别类地解决问题。同时，一定要深入了解、学习和掌握好国际法和国际准则，清楚国际法和《联合国海洋法公约》是怎么规定的；更重要的是，了解沿途各国的法律制度规章及我们的国内法如何与之更好地契合、协调。通俗地讲，就是知己知彼，同时又要站在一个更高的高度上，把它们融会贯通，综合起来，合理运用，真正使我们的"一带一路"确实有法律来保障，有法律可运用。理念要能够落地，靠什么？就是靠法律制度和有效运用来加以保障。如果没有可行、有效的法律制度加以保障，加以执行，理念或者各种很好的想法，最终也无法落地。

？ 如何看待国内法和国际法的协调？

刘楠来： 要很好地实施"一带一路"战略，需要国内法也需要国际法，两个方面

延伸阅读

《联合国海洋法公约》简介

1958 年，联合国在日内瓦召开第一次海洋法会议，并在两年后达成了《领海与临接海域公约》和《大陆架公约》。1960 年，联合国召开了第二次海洋法会议，但却未能达成新的决议。其后，在广大中小国家特别是发展中国家的要求和支持下，1970 年第 25 届联合国大会通过决议，决定召开第三次海洋法会议，以制定一项崭新的海洋法公约，来处理所有有关海洋法的事项和问题。从 1973 年 12 月 30 日开始，150 多个国家和地区的代表先后在纽约、加拉加斯、日内瓦和蒙特哥湾召开了 12 期会议，并于 1982 年 4 月 30 日在纽约联合国总部完成了《联合国海洋法公约》(简称《公约》)的制定工作，最终以 130 票赞成、4 票反对、17 票弃权而获得通过。到 1984 年 12 月 9 日签字为止，全世界共有 159 个国家和组织签署了《联合国海洋法公约》。迄今为止，尚未在《公约》上签字的主要国家有美国、英国和联邦德国等发达国家。

这场历时 9 年的第三次联合国海洋法会议，是人类历史上最漫长的国际多边谈判，所达成的《公约》是包括 17 个部分、320 条款项，以及 9 个附件

都不可或缺。但是，国际法和国内法确实不完全一样，国内法跟国际法从理论上来说是两个不同的法律体系。国内法是由一个国家的立法机关制订通过的，反映的是这个国家人民的意志，也代表这个国家的利益。国际法是国家之间的法律，不是一个国家的法律，由各个国家通过协商谈判、签订国际条约或者大家加以承认，加以默认形成的法律。它反映的是各个国家之间的协调意志，代表国际社会的共同利益，而不是某一个国家的意志。

国际社会的共同利益与个别国家的利益多少有些不同，所以就存在着怎么协调的问题，这也是国际法学界一直在讨论的问题。我们国家制订了我们的国内法，也参与了国际法的制订。所以，国际法里面反映了一些其他国家的意志，也反映了我们国家的意志，都是国家意志的产物。不能把国际法和国内法相对立起来，而是应当把它统一起来，协调起来，不仅从理论上应当这么认识，而且在实践当中也应这样做。

具体来讲，各个国家首先是执行本国的国内法，但是也要执行国际法，那怎样

的庞大海洋法体系。《公约》对内水、领海、临接海域、大陆架、专属经济区（亦称"排他性经济海域"）、公海等重要概念做了界定；规定一国可拥有距其海岸线 200 海里（约 370 千米）的海域经济专属权。《公约》对全球各处的领海主权争端、海上天然资源管理、污染处理等也具有重要的指导和裁决作用。

《联合国海洋法公约》虽然确立了人类利用海洋和管理海洋的基本法律框架，但在历史性权利、岛屿与岩礁制度、专属经济区的军事活动、群岛制度、海岸相向或相邻国家间海域的划界，以及海盗问题等规定却存在不少缺陷。不过，通过订立专门的补充协定或区域性协定、召开审议会议及扩大解释等方式能在一定程度予以弥补和完善。

《联合国海洋法公约》有利于我国解决海上周边海域的国际争端，维护我国的海洋权益；但与此同时也对我产生一些不利影响，即《公约》的部分规定比较模糊，对我国海洋领土的划分会带来某些不利影响。因此，中国应在坚持《公约》宗旨和目的的前提下，积极推动其进一步发展，并逐步取得海洋法发展的话语权。

执行国际法呢？一种办法是把国际法的一些规则纳入到本国国内法里来。通过一定的法律程序，把国际法的规则变成国内法的规则，通过国内法来实行国际法的规定。实际上，我们国家就是这样做的，其他国家大多也是这样做的。比如说，我国批准了《联合国海洋法公约》，我国后来就制订了《领海与毗邻区法》，制订了《专属经济区和大陆架法》，这两个法律就是执行海洋法公约的有关规定。实际上，把《联合国海洋法公约》的有关规定运用到我们这两个法里，国际法里面有关规定就成了我们国内法的有关规定，就把两者协调起来了。

另外一种办法是，可以通过参与国际规则的制订，修改那些我们认为对我国不利的规定。此外，一些国际法的制订都是通过大家协商谈判，在谈判当中可以讲自己的意见，自己的意见被大家接受了也就成为国际法。也可以通过我们的一些法律行为，逐渐使其他国家接受而成为国际习惯，从而使国际法和国内法结合起来，协调起来，这种情况是很多的。

目前重要的是，我们要增强参与国际规则制订的能力，要提高我们的话语权，勇于在国际上发表我们的意见，把我们的主张提到国际舞台上去，争取让其他国家接受。要能争取其他国家接受，就要讲出你的道理来，让别人觉得这是合理的，形成了大家共同接受的国际规则，这样也可为国际法的发展做出我们的贡献。这是我们面临的任务。在国际法跟国内法的协调上，有它的内在统一性，而不能简单地说是对立的。

有人说，当代国际法是西方的国际法或者西方主导的国际法。我个人觉得这是一种过时的观点，需要改变。确实，当代国际法最初是从西方国家来的，最初是欧洲国家于 1648 年召开了威斯特伐利亚公会，在会上通过了威斯特公约，这是近代国际法的开始。当时的国际法确实是部分学习欧洲国际法，但西方并不用国际法对付我们。它们对中国进行侵略，逼迫中国签订了很多不平等条约，当时对中国没采用国际法。此后，经过几百年，应当说发生很大的变化，特别是到 1945 年联合国成立时，通过了《联合国宪章》，国际法发生了很大的变化。当代的国际法以《联合国宪章》作为核心和基础，以《联合国宪章》的宗旨和原则为基础的国际法已不再是最初西方的国际法，是反映了当时联合国 40 多个国家的意志。中国是联合国的创始会员国，也参与了宪章的制订，所以宪章也反映了中国人民的意志。现在联合国会员国有 193 个国家，这些国家也都尊重和支持《联合国宪章》，接受宪章规定的宗旨和原则，对当今的国际法是接受也是承认的。我们中国对当代的国际法是接受的态度，赞成的态度，而且认为应当遵守当代的国际法，而不能把当代的国际法说成是西方的国际法。有这样的认识，才可以积极寻找协调国际法和国内法的关系，应当说，这是前提，这是基础。如果否定当代的国际法，那就谈不到国际法和国内法协调的问题。

李杰： 随着综合国力的增强及对国际事务影响力的提升，中国参与与运用国际法及《联合国海洋法公约》的力度在加大，对各种国际规章制度建立和维护的主导权、

在联合国宪章上签字的董必武

话语权也在逐渐加大。但是有一点必须看到和认识到，当年制订《联合国海洋法公约》时，由于中国当时的综合国力、国防实力、海军武器装备水平，以及对于海洋问题的认识，远不如今天深刻，海上方面的形势，也比不上现今复杂和严峻。按照今天的观点来看，有些规章制度制定和推行，的确可能存在一些局限和不足。特别是《联合国海洋法公约》，美国迄今也没有批准。在很多情况下它可以根据自己的利益需求，来执行或拒绝《联合国海洋法公约》条款。这样，将对全球的秩序，将对那些签署了《联合国海洋法公约》的国家可能造成伤害，至少是对绝大多数国家的不尊重。鉴于此，我们应在一些问题上对美国的自行其是，不"循规蹈矩"的无理行为，进行有理、有利、有节的批评或者坚决的斗争，使全球的秩序更多地按照国际法和国际行为准则来发展。

应当说如今的国际法一定程度上已经不同于其最初设立时的性质，中国通过提高自己的话语权，更好地参与到国际法的制订当中，贡献更多我们自己的力量，以此更好地维护本国的利益和国家的意志。

第五章

地理空间

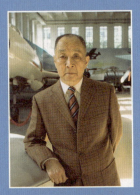

李杰研究员

王英杰教授

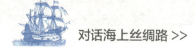

　　自古以来，"海上丝绸之路"与"陆上丝绸之路"一样，不但沟通了东西方之间的贸易和友好往来，而且推动了东西方经济与文化的交流，为世界文明和财富的发展做出了杰出的贡献。今天，我们提出"一带一路"倡议，其实更多是一种借助区域合作的平台，来发展我们周边的经济合作伙伴关系，与我们地理范畴和国际关系上的空间概念并不相同。

? **"一带一路"倡议与通常所说的地理范畴和国际关系上的空间概念有哪些差别？**

李杰：我和王英杰教授与大家一起谈谈"一带一路"地理空间方面的问题。我先说一下自己简单、粗浅的理解。2013年9月，我国提出了"丝绸之路经济带"，同年10月份提出了"21世纪海上丝绸之路"；实际上这两者与原来的"陆上丝绸之路""海上丝绸之路"的演进过程比较契合。在隋唐之前，"陆上丝绸之路"的规模比较大，用老百姓的话说就是发展得比较红火。到隋唐中期以后，"陆上丝绸之路"发展势头有所减缓，"海上丝绸之路"开始火起来了，这两者是相辅相成的。我理解，刚才说的地理概念和空间概念，实际上就是由陆上地理概念转换到海上乃至后来的空中的概念。实际上，当前的"一带一路"，从大范围来说，不局限在陆地平面、纯粹的传统地理概念，还有海上、空中甚至太空、网络等多维空间。总之，这个概念不能局限于最初的陆地平面概念。不知道这么理解对不对，这方面王老师是专家。

王英杰：李老师讲得非常好。"一带一路"的概念延续了过去讲的"走出去"战略。从地理空间上来讲，其基础就是这两个概念之和，即"丝绸之路经济带"加上"21世纪海上丝绸之路"，现在越来越多地称之为"一带一路"战略。从2013年"一带一路"提出来以后，其空间范围就在不断延伸。大家也可能注意到了，美国、英国也在"丝绸之路"上。实际上，"丝绸之路"变成了对外开放的一个大平台或者是一个大战略。从这个角度来看，它的核心地带是"陆上丝绸之路"和"海上丝绸之路"。"陆上丝绸之路"指从我国的沿海起，跨过东西部，一直往西延伸通过中亚、东欧到欧洲的这么一条通道，过去的"丝绸之路"，现在叫"丝绸之路经济带"。"海上丝绸之路"则是从沿海通过南海到印度洋，然后到地中海再到欧洲这么一条核心地带。目前可以从这两方面去理解。从地理上看，"一带一路"是一个全球性的战略。

？ **全球性、全方位，多维的。**

李杰：过去，我们在说"一带一路"的时候，对这个概念的理解，即便在地理上，哪怕在空间上拓展之后，也还是有局限性的。像刚才王教授说的，在陆地上，我们划了向西走的几条线路，主要就那么三、四条线路；海上，也就三条或者四条为主的线路。我们过去经常说，以泉州、宁波或者广州为起点的"海上丝绸之路"，经过南海再经过马六甲海峡，穿过印度洋，再穿过地中海然后到达欧洲，这是一条海上主要线路。后来，我们规划并实践过到北冰洋的航线和到南太平洋的航线等几条线路，海上路线日渐丰满。我们现在不能再局限于当时被美国、日本和其他西方国家把海上向东几条岛链封锁之后，被逼无奈而选择"向西走"这种战略的考虑。事实上，即便现在我们也存在着向东走线路、向南美走线路、向北美走线路等。"21 世纪海上丝绸之路"是全方位的、多元的。这个地理概念和空间概念一定要拓展开来认识、来考虑，才会在"21 世纪丝绸之路"的运行和操作中，打开整体思路，进行谋篇布局。再一个，一定要以多维空间和角度来考虑问题，绝对不应局限在陆地和海上，还应包括空中、太空、网络、信息等方方面面；即由点及线、由线及面、由面及空、由空及天、由天及网，一定是全方位的、全空域的。

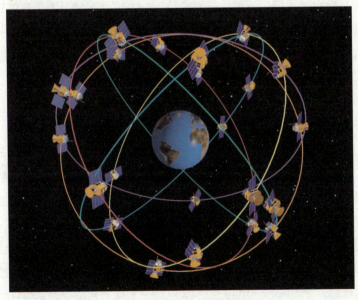

北斗全球卫星导航系统

? 古代"陆上丝绸之路"曾有北线、南线、东线三条。"海上丝绸之路"，也有三个方向的线路，分别是往东北亚的朝鲜、日本，往南亚方向的马来群岛包括菲律宾这些地方，再往西是北非的红海岸地区。在古代，"陆上丝绸之路"和"海上丝绸之路"有一个功能上的互补；从现代角度上讲，还有什么功能上的互补？毕竟古代和现代有特别多的差异。

王英杰：过去，从空间发展战略上看，在没有完全开放之前，中国基本上是自己内部发展，主要是南北关系；从军事上来说，是从北到南的关系。改革开放以来，中国特别注重东西关系，从沿海向内陆沿着两条走道梯级开发，一条是陇海铁路，从连云港到新疆；还有一条沿着长江经济带的线路。现在，中国注重全方位开放，是海陆并重的这么一种模式。这里面牵扯到很多连通海路到陆路的廊道。我记得一位中央领导在重庆有一个讲话，他提出"一带一路"有六条廊道，其中三条廊道与海陆并重有关，分别是中巴经济走廊、孟中印缅走廊和东南半岛走廊。历史上，我们很注重陆路建设，包括历代相对发展得比较好的历史时期，一直是西进，注重陆路。但是，我们从来没有打开过海路，给我们的发展空间造成一定的不利影响。很多专家研究认为，下一个重点区域很可能是印度洋区域。印度洋地区积累了大量的投资，集中了世界上很大一部分人口。中国也应该算是印度洋区域的毗邻地区，印度洋地区包括印度、巴基斯坦、孟加拉等国，很可能是下一个热点区域。中国注重陆路和海路衔接，会给"一带一路"的发展带来很大的促进作用。这也是中国长期以来陆路建设的一个很大的举措，就是从陆路到海路再到海陆并重的战略措施。美国的地理位置面对两洋，往东是大西洋，往西是太平洋，往南发展是拉美地区，形成了三个扇面的关系。中国背靠大陆面向海洋，这给中华民族提供了很多机会。我们一定要注重海洋，从海洋走出去。

李杰：我个人认为，重视"陆上丝绸之路"无可厚非，而且中国现在的后劲充足。例如，中国高铁占了全世界高铁总里程的55%以上，运行的高铁数量超过了60%。在各种自然条件下，最热的地方如海南、最寒的地方如东北，中国都修建了高铁，具有丰富经验；所以完全可以把高铁技术拿出去向西走。在"陆上丝绸之路"方面，我们有得天独厚的优势。目前我们和俄罗斯等国已经连通，下一步可能会和泰国或者印尼等国连通。我觉得"陆上丝绸之路"问题不大。刚才王教授提到，中国历来重陆轻海，"脸朝黄土背朝天"的大陆意识太强，对陆上非常重视，而对海上的重视程度不够，而且是远远不够。历史上的世界强国都是海洋立国或海洋崛起后才成为强国的。中国现在正处于由大变强的过程中，"海上丝绸之路"还有必要进一步做大做强，完美高效地实现这两个空间的转换，比如中巴经济走廊、孟中印缅经济走廊和东南经济走廊，"海上丝绸之路"和"陆上丝绸之路"相辅相成，相互配合，相互促进。这样，才能使中国经济包括将来经济产能输出、制造业的外移等双方的经贸合作，有比较厚实的基础和良好的转换条件。千万不能像过去那样单条腿走路，不能一味地依赖陆上。中国的海上贸易量早已超过贸易总量的80%，将来"海上丝绸之路"和"陆上丝绸之路"相互之间的衔接、转换，肯定要进一步加强。

中巴经济走廊上的 900 兆瓦光伏项目

王英杰：李老师讲得非常对，我们过去确实是重陆轻海。虽然明朝开始重视海洋，最远也就到了东非沿海一带。明朝也曾尝试过若干次大宗商贸往来，但基本上以宣扬国威为主，真正的经贸并没有发展起来。21世纪的重心是经济全球一体化，海上贸易通道是非常重要的。刚才李老师也讲了，海上的贸易量大概占到大宗贸易量的80%以上。在海陆并重的情况下，一定把海上通道解决好。我们现在面对海洋方面有两个大的扇面，一个是环太平洋地区，就是沿着东北一直划到中南半岛大片地区，包括东部沿海地区；另一个是印度洋半岛，也是中南半岛一直到阿拉伯地区，我们也可以划一条大的弧线。这两条大弧线一个是和中国直接相关的太平洋地区，另一个是东北亚的问题。从地缘上来讲，从珲春到最近的出海口只有十多千米，但一直没

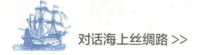

有打通。虽然日本、中国、韩国、朝鲜等国家之间存在各方面的问题，但未来东亚的一体化可能使其成为世界上经济上比较发达的地区。东亚有几个经济强国，如日本、中国、韩国，包括俄罗斯（现在俄实行东移战略）。因此，要把日本海这条线路建立起来，东亚是我们未来发展的重点潜在地区。

中国的一个亚地区就是现在的长三角、珠三角、京津冀地区，这些地方是中国比较大的经济主体，也是中国将来走出去的核心地带，发展空间非常大。现在中国拥有非常好的条件，一个是面向大洋背靠大陆，腹地非常辽阔，给我们未来朝海洋发展奠定了一定的基础。中国还有两个亚地区，一个是内陆地区，一个是西南地区。从云南怎么样走出去到印度洋，实际上就是开通孟中印缅和大湄公河这条通道，打通它可以把西南地区跟海洋进行有机联系。新疆地区及其他西北地区，则可通过中巴走廊与海洋衔接起来。还有一个区域实际也是在环太平洋带上，即中国跟越南的

延伸阅读

历史上的海洋强国有哪些？

海洋强国是指在开发海洋、利用海洋、保护海洋、管控海洋方面拥有强大综合实力的国家。一般来说，历史上的传统海洋强国大多是先发展强大的海上力量，并通过打赢其海上战略对手，最大化地获取管控海洋、开发海洋的能力。

海洋兴则国家兴，海洋强则国家强。早在2000多年前，古罗马哲学家西塞罗就指出："谁控制了海洋，谁就控制了世界。"600多年前，我国伟大的航海家郑和曾告诫明宣宗："欲国家富强不可置海洋于不顾，财富取之于海，危险亦来自海上。"

无数的历史事例证明，世界强国无一不是海洋强国。15世纪，葡萄牙建立了一支颇为强大的海上力量，控制了地中海与大西洋的交通要道；至16世纪初期，葡已发展成为一个从直布罗陀经好望角到印度洋、马六甲海峡至远东的庞大帝国，成为当时欧洲的海上强国。与葡萄牙毗邻的西班牙，在葡萄牙依靠海权迅速崛起时，感到发展海洋的迫切性和重要性。1492年，哥伦布率船队出航，西班牙由此踏上了海上强国之路。至1550年，通过血腥的海外

北部湾地区（广西地区），是未来极有发展潜质的地区。虽然广西目前经济发展跟长三角、珠三角、京津冀地区相比，在体量上还有点小，但随着"海上丝绸之路"战略的发展，北部湾地区将来也会有大的发展潜能。

? 两个扇面已经是一个全方位的发展方向了。2013 年 10 月，我国提出了"21 世纪海上丝绸之路"的概念；它所辐射的地区包括东亚、南亚，这些地区的经济发展有什么样特点？

李杰：我想讲两点。一个是中巴经济走廊带。中巴经济走廊带为什么对中国至关重要？长期以来，中国石油、天然气的运输要经过马六甲海峡，这条通道受美国、日本的封锁和扼制的态势越来越严峻。此外，海盗和恐怖分子海上袭击日益严重，

扩张，西班牙统治了北美州的大片地区、中美洲及除巴西的整个南美洲；到 16 世纪末，西班牙占有当时世界金银总产量的 83%。17 世纪中期，荷兰建立了一支庞大的商船队，其船舶总吨位相当于英、法、葡、西四国船舶的总和，被誉为"海上马车夫"；在 17 世纪，荷兰利用自己的海上优势和商业霸权占领了广大的殖民地，在航海、殖民、贸易等方面达到了全盛期，成为当时欧洲经济、贸易的中心。16 世纪中期，英国开始走上了海外扩张的道路；到 19 世纪初，它倚仗自己强大的资本和海上力量，发动了一系列殖民侵略战争，取得了完全制海权，成为世界新的海上霸主。

19 世纪末，美国海上力量取得突飞猛进的发展：共拥有 11 艘战列舰、2 艘重装甲巡洋舰，十几艘装甲巡洋舰，海军实力由世界第 12 位跃居第 5 位；到一战爆发时，其海军实力已仅次于英国和德国，居世界第三。二战期间，美国太平洋舰队虽一度受到日军重创，但到 1944 年时美海军却已拥有 10 个作战舰队，编有各类航空母舰 125 艘、战列舰 23 艘、巡洋舰 67 艘、驱逐舰和护卫舰 879 艘、猎潜艇近 900 艘、潜艇 351 艘，当之无愧成为世界上最强大的海军。

我们面临的海上威胁必将越来越大。再加上美国在印度洋和新加坡的海军基地对南海的觊觎和威胁，菲律宾、越南等国与中国的纠纷，将使中国再走传统的海上通道面临的威胁会越来越大。从地缘战略和石油通道安全、快捷的角度来说，如果能够直接把中东的石油天然气从瓜达尔港上岸，经中巴走廊这条铁路转运，通过新疆的喀什再到乌鲁木齐以及中国西南等地，那就具有极其重要的意义。另一个是孟中印缅区域，石油和天然气可以从缅甸的皎漂港（现在从缅甸皎漂港到内地的石油管道已经开通），或实兑港进来，也可以避免马六甲海峡的风险和战时所带来的威胁。

实际上，我们比较依赖马六甲海峡通道。如果上述两条都能够走通，对我们将来的战略资源，特别是石油天然气或其他物资，包括非洲进来的物资都将会产生巨大的影响。

中缅油气管道瑞丽天然气站入境闸

我个人感到，这些区域近年的发展速度非常快。比如我们刚才讲的印巴中缅等国，这些国家中，印度经济体量比较大，2014-2015经济财年GDP不到2万亿，只有1.75万亿美元，当然比中国小很多。不过，应该承认：印度的发展速度比较快，它的GDP增长速度已经达到6.9%，甚至更高。如果按照前一段相关机构所说的，我们是6.5%左右的发展速度，那它比我们还稍快一点。其他两个国家的体量均比较小，孟加拉也就是1 000多亿美元，缅甸还不到1 000亿美元。这两个国家GDP年增长率大都在6%~7%，这两年发展得比较快，经济的总体状况还是不错的。

另外，这些地区的人员素质相对于过去而言，无论是信息技术方面还是制造业方面，近些年都在提高。缅甸和孟加拉制造业的人员素质这些年也在明显提升。当然，它们和印度没法比，更没法和中国比。事实上，这些国家人口的整体所需费用（包括工资等）很低，制造业还有其他工业，比如水泥、钢铁等要转移出去的话，所需的成本代价自然要低很多。

? **2013 年 5 月，我国提出中巴经济走廊和孟中印缅经济走廊的倡议，并得到了其他一些国家的响应。能从地缘政治角度给我们讲一下它所面临的前景吗？**

王英杰：孟中印缅经济走廊，对于我们执行"一带一路"倡议应该是有非常大的促进作用。我国提出倡议后，孟中印缅四个国家成立了多边协调组织，也进行了若干考察，在云南和孟加拉的吉大港地区开过几次会。我有幸作为孟中印缅组织成员参加过会议。2015 年 10 月，我走访了印度、缅甸和孟加拉。这几个国家的一个共同特点就是人口体量比较大，印度有 10 多亿，而且继续保持非常大的自然增长率。孟加拉将近 2 亿人口，缅甸大约有 6000 多万人口。这样大的人口群体给我们提供了一个很好的走出去的机遇。刚才李老师讲到了，当大家都说人口红利到一定程度的时候，欧美包括东亚的新兴经济体的产业都会往这些地方转移，这是我们面临的第一个问题。第二个问题，这些国家基础设施非常薄弱。尽管印度 GDP 增长速率很快，但是它的基础设施却发展得比较缓慢，缅甸和孟加拉也都是这么一个状况，特别是缅甸，60% 的农村地区都没有电或者只是阶段性有电。我们基础建设进入到这些地区有很大的潜力。

如果我国从西南地区走出去的这条路能够打通，海陆之间的联系将会更加便利。实际我们海上石油输气管道从皎漂港到瑞丽段已经建成了，但是我们原来还有一些配套设施，比如沿线的公路、铁路，因为缅甸政府的一些变化就搁浅了。

中印缅地区的土地、水利资源，以及其他资源都非常丰富，我国在基础设施建设方面有优势，也有经验，因此把一些制造业转移出去，不但会拥有市场、资源，还会拥有很多地缘优势。这对我"一带一路"战略是有帮助的。

？ 正是"海上丝绸之路"空间概念上的延伸，优化了我们的贸易结构，推动了新兴产业的发展。在与各种国家经济体合作的过程中，我们也面临着许多的机遇和挑战，都有哪些挑战和机遇？

李杰： 刚才我和王教授也提到这个问题。"海上丝绸之路"最早到达东非，等于触及非洲，可以称之为"陆上丝绸之路"的地理空间延伸，也是"海上丝绸之路"海上空间的延伸。非洲共有 50 个国家，再加上非盟有 11 亿多人口。在南亚地区，印度、孟加拉、缅甸有很大的人口红利，其实非洲的人口红利更大。非洲每年出生率约 2.6%，这是一个非常高的数字，整个非洲大陆社会呈现年轻化，不像我们中国现在开始进入人口老龄化阶段。非洲是一个生机勃勃的大地，这也许是我们今后最大的机遇。

非洲斑马

今后，我们无论走"陆上丝绸之路"还是"海上丝绸之路"，绝不可落下非洲。将来可能与非洲合作的领域绝对不是那种低附加值的产品和货物之间的经贸往来，除了把部分产能还有相关技术输出去之外，还要把能够生产石油、加工各种矿产，以及其他制造业的一些技术也输出到非洲。实际上，我们在输出的时候是把目前中国制造业和产能中比较先进的技术输出去，而不是把落后的或者是走下坡路的产能技术输出去。我们在输出的同时，国内也要不断提高自己的技术水平，我国的产业需要不断地创新和技术提升。否则，产能和原有的技术都输出去，我们自己的工业企业下滑了怎么办？所以要提高自己的技术水平、技术等级，大众创业、万众创新。我们要不断提升中高端技术水平，唯此才能使我们自己在输出现有的产能和技术的同时，本身也得到提高，这样才符合合作共赢、共同发展的目的和要求。

？ **在当前的贸易环境中，仅仅追求出口的增长会引起很多方面的摩擦，出口对应的产业和商品都是低附加值的。如果以投资的方式进行贸易的话，大多应该是比较高附加值的产业或者商业，可以让很多国家接受。在这个过程当中会遇到您刚才所说的挑战吗？**

王英杰：我们走出去时，也要控制风险。"一带一路"战略是一个和平共赢的战略。我们不但要进行产能的转移，还要有资本的跟进，这是我们不同于其他国家的，包括欧洲发展时期和美国发展时期。当然，既然要走出去，势必跟一些国家会有碰撞，会有摩擦，这是很正常的。实际上，翻开我国历史就会发现，在我们社会经济发展比较好的阶段，都是走出去的阶段，包括跟西亚、欧洲的贸易往来，用丝绸换回来很多水果、蔬菜，甚至很多粮食作物。这些都是从"一带一路"带进来的。当然，我们也输出去很多我们自己的东西，像四大发明和罗盘等。如果与世界上的一些发达国家有一些利益摩擦的话，我们应做一些说服工作。

我们与非洲许多国家在很多方面都是互补关系，当然也有其他方面的关系。"一带一路"本着透明、公平的原则，不拒绝任何一方，每一方都可以参加。目前像印度、印尼这些国家有些疑虑，中国来了以后，是不是会与它们在地域上有竞争关系；还有一些基础建设比较弱的国家，以及经济发展水平有待提高的国家，可能也会担心，特别是周边国家，中国这么一个大国来了，对它们是不是有一些所谓的威胁。著名学者郑斯年讲过："我们从来没威胁过别人，别人老说我们威胁。美国威胁了大家也没人说它威胁。"

我虽然不是搞军事的，但在"一带一路"里面一定要抓住结点建设和线路建设，点线结合，包括目前在"一带一路"里面的瓜达尔港、皎漂港、斯里兰卡港口、坦桑尼亚港口等港口建设。我们一定要从这里走出去，保证这条贸易线完全畅通。除了发展作为结点的自贸区和经济特区以外，我们还要保证这条线的运转良好，包括怎么样来保证中国贸易的畅通，怎么才能真正走出去。这些东西实际上正面临着很

多挑战。

李杰： 我们曾经说过这个问题，比如要不要建军事基地、要不要建补给点等。如果这条海上主干道不畅通或者不安全，不能保障运输畅通的话，就意味着"海上丝绸之路"一旦出问题，对于我们的整个经济带都会产生重大影响。

有比较大的几个问题。一个是海上沿线的国家中，有很多都是政权不够稳定或者政党一轮替政治倾向马上就改变的，比如缅甸、斯里兰卡等，就有闹得沸沸扬扬中国援建港口、基地等问题。这些地区一旦政党轮替或者政治倾向变了，就会有很大的不确定性，安全会受到巨大的威胁。第二个就是海上沿途的这些恐怖分子、海盗分子，特别是西亚中东地区、非洲地区的恐怖分子肆虐，海盗猖獗横行。这些均带来极大的不安全性、不稳定性。加之多个大国的插手干预，各种军事力量不断介入，例如美国在印度洋、东南亚、新加坡、韩国、日本冲绳，以及南海周边的菲律宾，都设有规模不等的军事基地。

印度航空母舰"超日王"号

"海上丝绸之路"将来要穿过海上沿途的各海峡通道和重要区域，都将面临强国或地区大国的挑战和其他各种威胁。比如在印度洋，印度老想把印度洋视为自己的势力范围，总想把印度洋变为"印度湖"，不许其他国家染指或大型战舰驶入。之前我曾多次说过，我们潜艇几次进入印度洋，印度都提出抗议，让人感到有点莫名其妙。其实印度就怕中国军事力量进入该区域，动摇其"龙头老大"的地位。所以，在未来的"海上丝绸之路"上，我们面临的挑战是多种多样的，难以预测；其中有些是公开的，有些则是潜在的，我们要有切实可行的应对之策。

？ **这样的挑战很大一部分程度来自于政治的不稳定性及军事威胁，虽然说"海上丝绸之路"在运行过程当中遇到了很多的挑战，但也有很好的前景。东盟、南亚以及中亚这些地区，可能跟中国达成一个互相合资的意愿吗？**

王英杰：主要是在基础设施建设方面可能达成合作意愿，这些国家的铁路、公路、货运、客运方面相对来说比较差，这方面可能是第一个最有前景的合作区域。

南亚国家与其他发展中国家体制上的不一致和发展阶段的不一致，造成这些国家的发展需求也不一样，特别是"海上丝绸之路"沿线国家除了极个别国家以外，绝大部分国家的基础设施是非常落后的。例如，2015年10月份，我在孟中印缅走廊考察的时候，从达卡到吉大港大概三四百千米的距离，如果走铁路大约得一天多时间，乘长途大巴估计也得一天多，我们只能改坐飞机。它们整体的基础设施是非常落后的。这在未来有很大的潜在合作前景。

第二，我们在缅甸还有其他地方在能源和资源开发方面，也有很好的合作前景。第三，在农业方面，我们跟巴基斯坦合作（如种植棉花），特别是帮助巴基斯坦做灌溉农业方面有很好的前景。第四，制造业和加工业方面，我们也有非常好的发展前景。

？ **实施"海上丝绸之路"倡议时，我们提出要增强自身的建设，如人才战略、技术提升等，此外还有哪些建设？**

李杰：主要就是两个方面。首先，我们得对有关方面有深入的了解。无论是刚才王教授提到的大区块或次区块，得先有一批这方面有建树、有专长的专家学者。除了要有发展远景规划之外，还要做一些具体工作，要对这个地区的人文、基础设施、资源矿产，还有各港口机场、铁路交通和通信设施等情况有深入的了解。另外，在高铁建设、基础建设等方面，周边这些国家比中国不是差一点半点，就像刚才王老师讲的那个例子，三四百千米的路程要走一天多，在中国高铁一个多小时就到了。我们首先要调查、了解清楚，这样就能"对症下药、精准建设"。

第二，制订一个具有战略全局或经过通盘考量的周密规划。既然是战略规划，就要有目标、对象、实施步骤和方案等，而不能是今天东一榔头，明天西一棒子，那样是不行的，必须有一个完善、周密的整体战略。比如，这个阶段专门经营西亚或南亚，下一阶段重点经营非洲或者中东；如果再细分，例如可先重点谋划中巴经济走廊，随后再考虑孟中印缅经济走廊等。总之，必须分期分批，按规划、按步骤、有重点地来实施。

第三，无论是走"陆上丝绸之路"还是"海上丝绸之路"，安全和保障是离不开的，即要加强硬件方面的建设，如加强反恐军事力量的建设等。这两年，上合组织各成员国日渐注重加强中亚各国的反恐演习，这也为"陆上丝绸之路"安全畅通提供了一定的保障基础。另外，为了"海上丝绸之路"畅通，必须建设强大的海军，将来可能要讨论军事基地问题，以及补给点或综合补给点等问题。沿途没有安全或者畅

延伸阅读

九段线的由来

中国是最早发现南海诸岛，最先开发南海资源，也是最早持续对南海行使主权管辖的国家。早在汉武帝时期，中国就开始较大规模地利用和开发南海；宋代之后中国海事更加发达，对南沙群岛的经营层次更深。

1935 年 1 月，中国"水陆地图审查委员会"公布了审定后的《中国南海各岛屿中英文对照表》，详细地罗列了南海诸岛 132 个岛、礁、沙、滩的名称；并首次将南海诸岛划分为四个部分：东沙群岛（今东沙群岛）、西沙群岛、南沙群岛（今中沙群岛）和团沙群岛（今南沙群岛）。第二次世界大战之后，根据《开罗宣言》《波茨坦公告》等一系列国际文件条约，中国恢复了对南沙群岛和西沙群岛的主权。1946 年，中国政府实地接收了南沙群岛，并通过各种法律程序再次向全世界正式宣告：中国恢复对南沙群岛的主权，包括举行接收仪式、树碑立标、派兵驻守等。

1947 年 12 月，中国政府绘制出版了《南海诸岛位置图》，不仅在南海标出了东沙、西沙、中沙、南沙四个群岛，而且还标绘了一条西起中越边界北仑河口，东至台湾岛东北，共 11 段线构成的"南海断续线"；线内既标注

通没保障，是绝对不行的。制造业及其他产业要输出的话，产能要不断转移，就要提高当地民众的文化水平和知识水平。我昨天看了一个电视片，山东海信公司在南非除了投资买地建厂之外，还大量培训当地的工人，提高他们的文化知识与专业知识。工厂95%以上的员工都是当地人，有些员工经过多年培训、学习，能把企业文化和当地文化有机结合，从而把整个事业，乃至把"一带一路"战略可靠、间接地推行下去。否则，单靠有限的中国人到那个地方单独打拼，是难以将事业扩大拓展下去的。因此，只有真正意义上的全盘大战略，才能做到通盘考虑，整体加强，持之以恒。

王英杰： 我国改革开放30多年，真正走出去大概只有十几年。我们这方面经验不足，需要深入地研究西方走过的道路，它出现了哪些问题？我们可以借鉴哪些？哪些问题可以规避？我出国考察的时候，发现很多国家国内的条块问题映射到我们在其他国家"一带一路"战略的执行，可能很多的口径不一致，提法不一致，执行

了上述四个群岛的整体名称，也标注了大量的岛、礁、滩、沙的个体名称。1948年2月，中国政府又正式发布《中华民国行政区域图》，同时将《南海诸岛位置图》作为附图收入其内；南海断续线随之公布，并一直沿用至今。1949年新中国成立后，经中华人民共和国中央人民政府审定出版的地图，也在同一位置上标上这条断续线；只是在1953年将11段断续线去掉2段，改为9段断续线。1958年，中华人民共和国政府在关于领海的声明中规定，领海宽度为12海里（22.22千米），并宣布此项规定适用于"中华人民共和国的一切领土，包括中国大陆及其沿海岛屿和同大陆及其沿海岛屿隔有公海的台湾及其周围各岛、澎湖列岛、东沙群岛、西沙群岛、中沙群岛、南沙群岛以及其他属于中国的岛屿"。由此可以说，涉及南海的"九段线"的法律地位已经非常明确了。

中国政府正式公布南海断续线后的相当长时间内，并没有任何国家就此向中方提出外交交涉、表示异议，而且许多国家正式出版的地图集，例如1952年日本出版的《标准世界地图集》、1953年苏联出版的《苏联大百科全书》的附图、1964年法国出版的《拉鲁斯现代地图集》中均标有南海断续线，并注明归属中国。

不一致，从而造成许多问题的出现，这是其一。

其二，我们要对沿线的国家、民众、文化、风俗习惯，甚至资源环境有一个很好的了解。我举一个例子，专家们在一起开玩笑，要建设中巴经济走廊时才开始研究巴基斯坦，做这个研究的大概只有四五十名，一年内成就了很多速成"专家"。但相比较而言，世界银行长期在巴基斯坦工作的人员和研究人员就有 470 多名。这其中反映出的问题，值得我们去了解和研究。

其三，现在企业走出去了，国企、央企、民营企业，用承包的方式、BOT 的方式，以及其他的方式开展不同的工作。但是政府怎么为这些企业搭建桥梁，这必须给予更多的关注。我在缅甸看到，皎漂到瑞丽走廊已经建好，也运营了，但缅甸的报纸整天在说中国是占有土地，没有给当地民众带来好处。中石油和中海油也在抱怨，我们每年资助沿线学校、医院的款项就有三千多万美元。为什么我们没有得到更多当地老百姓的拥护？首先，我们把钱花了，却没花到应花的地方，没有本地化。其次，政府没有帮忙。缅甸有两三家英文报纸，全是日本股权控制。日本投资很小一个社区的学校，他们就大幅报道；而我们做了很多工作，他们却不报道或只报道一句话；所以说，希望我们的媒体也得走出去。

中国驻缅甸大使洪亮（中）为"中缅友谊学校"新教学楼启用剪彩

"一带一路"是中华民族目前和今后加速发展的一个契机。从政府、学界、媒体界，到社会的各个方面，都应该探讨和营造这么一个环境和气氛，通过这个来凝练和提炼我们的思维。

我们要有一个切实可行的近中远期计划或者规划，比起西方对沿线国家的研究或者其他方面的研究，我们还是比较弱的。我在研究中巴和孟中印缅走廊的时候，甚至我在做加勒比海地区的工作时发现，我们运用的数据、资料都是来自西方发达国家，我国对这个地方了解很少。

　　李杰：刚才提到一个条块分割、各自为政或者极端情况下相互拆台的情况，"分则两害，合则两利"，中国的南车和北车没有合起来时，各自为战，难以形成合力；现在南车和北车合起来成为中车，已经出现 1+1 大于 2 的局面，甚至更好的效果；应该说这是一个很好的解决条块分割，达成合作共赢的方式。中国的企业特别是相同的企业，唯有精兵简政、加强联手，拧成一股绳，提高素质，才能使得利益最大化；而绝不能搞"自相残杀"或者自相拆台，给外国人占了便宜。"肥水不流外人田"，中国企业走出去时，切忌相互竞争、相互杀价，这些一定要成为贯彻和执行"一带一路"战略中的基本原则。

和谐号列车

　　我们在提出"21 世纪海上丝绸之路"时，不仅要加强自身的建设，而且应更多了解投资或者合作方是什么样的。另外，不止在人才或技术方面有所提升，还应在政府、媒体、学术等方面都有一个全方位、走出去的思维和战略。

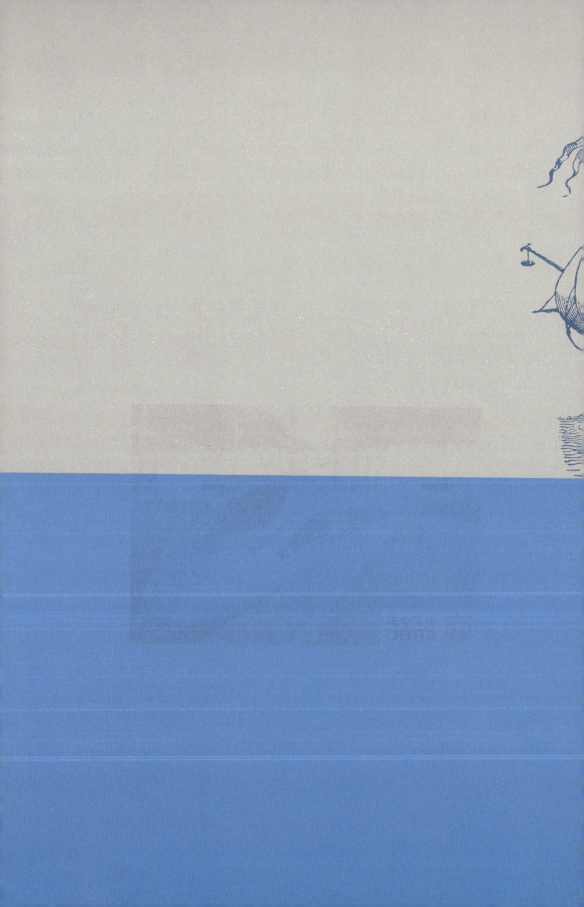

第六章

安全保障

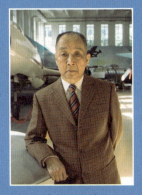

李杰研究员

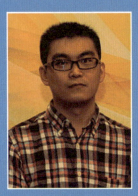

崔轶亮

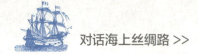

作为贸易之路、交流之路的"海上丝绸之路"并非一路坦途，而是潜伏着种种安全隐患，沿途国家的内战，沿线海域的海盗，不同民族的文化差异，都可能导致严重的后果。安全保障是我们必须考虑的重要因素，甚至是"海上丝绸之路"畅通的必要条件。

？ "21世纪海上丝绸之路"经过了很多国家，这些国家对于我国这个战略的态度是怎么样的？

李杰：应该说，"一带一路"，尤其是"21世纪海上丝绸之路"的推进，已经三年多了，沿途的各个国家或地区绝大多数是认可的，特别是和我国比较友好的国家，比如斯里兰卡、马来西亚、巴基斯坦、埃及等，即便是印度也是比较认同或在某程度上认同。从目前来看，有的比较赞同，有的是看好，有的在观望，有的在犹豫中，还有的则在进一步观察和进一步了解当中。但是我国有大量资金，比如亚投行已正式运行，此外还有金砖国家银行等，可以朝这方面运作。同时，中国越来越多的海上贸易已把世界各国特别是东南亚、南亚、非洲以及欧洲国家联系得越来越紧密。这种合作共赢，给他们带来的好处和实惠是毋庸置疑的。

"21世纪海上丝绸之路"概念一定不要局限在向西进入南海，经过马六甲海峡、印度洋、红海再到地中海这么一条主要的航线上。如果按照现在多数专家学者的规划，还有从南太平洋经过印度尼西亚、文莱，抵达澳大利亚及新西兰的航线，甚至包括到北美洲和南美洲的航线。这么多航线实际上都是未来"21世纪海上丝绸之路"的重要航路，当然还是以走向欧洲的这条航线为主。

欧洲航线的沿途国家大部分都是认可"21世纪海上丝绸之路"的，但实事求是地说，积极参与的国家目前还不是太多，毕竟还有一个认识的过程和参与程度的问题。参与到什么程度？它能够参与什么东西？当然不应局限于贸易，像中国强大的制造业怎么样和当地生产力结合在一起，这都是有待进一步推进，经过反复磨合才能可以落实的问题。

？ 刚才讲到了合作共赢的体系，那么在共赢的体系当中他们赢得了什么？

崔轶亮：李老师刚才讲了各个国家的态度，很多国家是乐意参与其中的，但有些国家不乐意。为什么能够共赢？共赢能赢得什么？乐意参与的国家大都有求于中国，我们也乐于通过这种纽带把我们的制造业过剩的能力或者可以在国际市场上竞争的能力和资源输出出去，让它增值。这些可输出的能力中，很多是跟基础建设有关的，而我们周边的国家中发展中国家是比较多的，这些能力实际上是它所迫切需要的。举一个例子来说，印尼实际上是"21世纪海上丝绸之路"南海这一区域的重要国家，这个国家的经济这几年还可以，但它有一个很迫切的需求——它是一个岛国，国家的所有主要城市都是以海港的形式出现的，对海运、港口建设等都有非常迫切的需求，而这些东西是我们可以输出的。类似基础建设这样的东西，我们输出后可以增值，又可以帮助印尼搞好当地的基建。

李杰：如何建立一个好的模式？这也是最近几年来很多人士一再提到的问题。比如，沿途的泰国，泰国的高速铁路建设非常需要中国的高铁技术。我们除了有大量资金外，还有先进的制造技术、优惠的利好政策、良好的运行模式，以及与多国合作的良好机制等。但是，目前还存在很多的问题及前进过程中已经或尚未遇到的

甘肃天水境内的一座立交桥

各种阻挠和挑战。比如，日本等国家的挑唆阻挠与干扰破坏，日本和我国争夺泰国高铁的建设，本来中国就要签订的高铁项目就拖了下来。印尼也面临着这个问题。印尼从爪哇到首都雅加达的高铁建设项目，日本也从中作梗进行破坏。所以，在推行"21世纪海上丝绸之路"战略过程当中，虽然我们对于沿途的国家和沿线的国家有很大的优势和自己的特点，也具备较为雄厚的技术和资金，但是不排除一些西方大国的干预破坏。虽然我们已经采用和平发展战略，但是美国还是会加大干预力度，以为其自身取得更多的好处或者获取更多的战略利益。

？ 有数据显示，中国的贸易有 60% 以上是依靠海洋的，在贸易发展当中我们海上力量发挥了什么样的作用？

李杰：中国的海上贸易确实是 60% 以上通过海运来完成的。实际上，海运完成贸易运输量的能力要远远超过陆上或者空中，所以未来这方面运输量会更大。中国有世界前三强的船舶设计和建造能力，可以建造 30 万吨以上油轮及 LNG 船舶（液化天然气运输船）等技术含量比较高的船舶。我们也有能力设计与建造中大型航空母舰、两栖攻击舰等大型战舰。将来我国海运方面的能力还将进一步加强。由于海运载装量比较大，成本又比较低，所以将来的发展前景还是非常好的。此外，相对陆上或者空中而言，它的安全性和我们所能够提供的安全保障的能力也会更高一些。

船长 330 米、船宽 60 米、吃水 21.4 米的中国超大型油轮"长江之耀"停靠在青岛港码头

？ "21 世纪海上丝绸之路"有什么安全隐患，这些隐患容易出在哪些地区？

崔轶亮：我是这么理解的，理论上肯定存在安全隐患。目前"海上丝绸之路"西向线最大的作用，一个是贸易的通道，一个是能源的运输线。现在来看的话还是比较通畅的，这个情况下再谈安全是不是有一点杞人忧天的感觉呢？其实，我觉得不是。我们现在进出口贸易及能源运输中海运的地位实在是太高了。从数据中可以看出，2011 年我国出口量近 70% 是通过海运完成，进口量中 63% 都是通过海运完成的，海运万万不可有任何闪失。由于目前红海、印度洋这一区域还有海盗存在，亚丁湾的海盗仍未彻底解决，马六甲前几年也出现过海盗，这是非国家层面、非传统的对海岸线的威胁。假使矛盾激化的话，需要我们有一个应对方法，这是一个安全隐患。

除此之外，南海还存在岛礁争端。假设由于大国插手导致南海的争端激化，那很可能影响到整个海上运输线；假如在印度洋发生某些超级大国之间决裂的问题，这也会大大影响海上运输。这些隐患都是讨论"海上丝绸之路"时应该考虑到的。

？ **针对这些隐患，我们的海上力量可以提供怎样的安全保障？**

李杰：关于隐患或者威胁，我还想再多说两句。"21 世纪海上丝绸之路"西向路线的隐患可能比其他方向的隐患要更大一些。从 2008 年起，我国已经在亚丁湾索马里海域进行了 9 年反海盗行动，但时至今日仍没有彻底解决海盗问题。从统计数据来看，"21 世纪海上丝绸之路"的西向路线，将通过世界 5 大海盗猖獗海域中的4 个，沿途的风险还是很大的。这些风险海域除亚丁湾索马里海域外，还包括马六甲海峡及南海海区等。目前，马六甲海峡情况已经有所改善，但南海南部海区仍经常有海盗出没。此外，霍尔木兹海峡和红海海域也常有海盗出没。

？ **必须有很强的海上力量才能应对当前所面对的困难吗？**

李杰：是的。现在周边海域及世界其他相关海域，貌似风平浪静，但实际上美国时刻都在对我们实施封锁，因此这条航路上将会面临很大的风险或者威胁。在吉布提基地问题上，美国也对我们"虎视眈眈"；同时吉布提也有日本基地和法国基地。美国很多人士和机构千方百计阻挠中国在此建基地。可以说，目前亚丁湾索马里海域以及红海口海域环境非常复杂，很多国家都想在此建设基地或扩大基地，部署一定的兵力，以为本国争取更大而的利益。

？ **大家最关注的还是航空母舰。在面对这些困难的时候，航空母舰能够起什么样的作用？**

崔轶亮：我们刚才提到了两种威胁。一种是传统的安全领域的威胁，就是大国跟大国之间的对抗；一种是非传统安全领域，比如海盗。这两种情况下，我们应对时要借助的武器是有区别的。应对非传统安全的威胁，就像我们搞了这么多年的亚丁湾的护航，实际上有2艘作战舰艇就完全可以了；有巡逻机效果就更好了，不需要大规模兵力，但是需要长期存在而且常态化存在。

我国第一艘航空母舰"辽宁"号

另外一种是大国之间的对抗，各国都不希望出现这种情况。但是我们必须从最坏局面去设想，敌人出现的时候怎么办？这种情况可能会很麻烦，有航空母舰的话效果一定会很好，当然航空母舰不足以应对这么大烈度的冲突。在这种情况下，不止要用海上力量去应对，也不仅包括整个国防力量，还应包括外交、政治，所有的力量凝聚在一起才能应对这样的危机。假设没有这种危机发生的话，也会有一些比海盗烈度要高的问题存在。比如在利比亚局势紧张时，我国很多在利比亚的投资及中国公民在利比亚的生命安全受到威胁，在这种情况下，有什么办法能够迅速打开局面并保护公民的生命财产？想来想去，还是航空母舰战斗群是最好使的，其他的手段则是鞭长莫及。

李杰：依据我国现有的航空母舰作战能力和性能条件，我们不可能和美国进行航空母舰之间的对抗较量。美国在印度洋基地部署有航空母舰，樟宜海军基地也可进驻航空母舰，所以在相当长一段时间内，与美航空母舰之间的作战能力还存在差距。刚才说到，在目前情况下，很难使用航空母舰来进行大国之间传统形式的对抗。航空母舰用来干什么？实际上，航空母舰编队更多的是用来对付一些能力比较差，但却比较猖獗寻衅闹事的国家和地区。航空母舰很重要的功能就是进行威慑。比如，对于一些不听话的国家，美国经常将航空母舰开过去进行规模不等的演习，进行各种兵力的威慑，往往能起到很有效的作用。再一个，在我们当前没有海外军事基地的情况下，如果将一艘航空母舰停在亚丁湾索马里海域的话，我们就可在此地区维持较长时间的日常反恐和反海盗活动，还可在必要情况下实施有效威慑，担负一些非战争军事行动任务，如抢险救灾、人道主义救援等。当然，如果没有航空母舰或者航空母舰行动所需的成本太大的话，也可以使用两栖攻击舰替代。经常有一些人询问，能不能用轰炸机来替代？轰炸机通过空中加油，能够飞到印度洋海域、索马里－亚丁湾海域，但是轰炸机能在亚丁湾索马里海域上空飞行或停留多长时间呢？即使有空中加油机，又能为其提供多长时间的执行任务或保障任务的时间呢？同时，人员的生活和物资该怎么保障？长时间的休息或者其他物资保障，又将是如何来达成的呢？实际上，空中和陆地上很难进行和达成像海军大中型战舰所具有的能力，如持久性、战斗力、保障能力和人员的生存率；这些能力是当今其他任何兵力兵器都不可能达成和解决的。

美国的福特级航空母舰第二艘"肯尼迪"号

"21世纪海上丝绸之路"战略在实施过程当中，需要有武力震慑作用，才能让这个战略顺利实施。这会不会被一些人指责为输出军力呢？

李杰： 首先，我们派出的可能会是中大型航空母舰编队、两栖攻击舰编队或水面舰艇作战编队，它们只是为相关海域或地区提供安全稳定的保障，只是执行联合

延伸阅读

世界五大海盗高发海域

自有船只航行以来，世界各地海域便常有海盗出没。16世纪之后，随着航海业日渐发达，那些远离商业发达的偏僻海域，往往就成为海盗肆虐横行、杀人越货的罪恶之地。海盗手段歹毒、行事凶恶、行踪神秘，是各国沿海居民谈其色变的恶魔。

现代海盗在活动区域上，与历史上的海盗相比并没有太大变化，主要集中在非洲通往亚洲的航线上。一般来说，现代海盗有五大主要活动地，分别是索马里附近水域、红海和亚丁湾附近、西非海岸、孟加拉湾沿岸，以及整个东南亚水域。与此相对应，目前世界上海盗团伙主要按上述海域分布，大致有以下五大团伙：索马里海盗、几内亚海盗、孟加拉海盗、加勒比海盗和马六甲海盗。

索马里海盗，主要在东非索马里海外的亚丁湾附近专门抢劫过往船只财物或掳人勒索。1991年索马里内战爆发，导致亚丁湾一带海盗活动更趋频繁，曾多次发生劫持、暴力伤害船员事件。索马里海盗有时甚至驾驶着飞机、汽艇等公然从事武器弹药交易。红海与亚丁湾一带，也是海盗猖獗出没的地区。红海位于非洲东北部与阿拉伯半岛之间，形状狭长，从西北到东南长1 900千米以上，最大宽度306千米，总面积达45万平方千米。

西非海岸几内亚附近海域，如今也是世界上海盗袭击行为的高发地区之一，有些时候危险程度甚至超过了索马里海域。西非海岸外的大西洋海湾，西起利比里亚的帕尔马斯角，东至加蓬的洛佩斯角，沿岸国家有利比里亚、科特迪瓦、加纳、多哥、贝宁、尼日利亚、喀麦隆、赤道几内亚、加蓬，以

国授权的反恐、反海盗等非战争军事行动任务，只是为我们的海上交通线提供可靠、有效的行动保障和支撑，而绝不会对第三国实施武力或者以武力相威胁。事实上，中华人民共和国成立后近 70 年的历史上，大量的海上实践和事实均已无可辩驳地证明，我们的海上军事力量只是对我国贸易船舶或者过往的国际船舶提供安全保障和维护，从来没有对任何一个国家以武力进行威胁。在这种情况下，不存在所谓的"军力输出"或者进行军力的威胁；只有对那些挑衅的国家或者是恶意破坏海上安全的集

及岛国圣多美和普林西比。由于非洲运送原油到欧洲和美国等地都要经过这些区域，从而给海盗和恐怖分子提供了可乘之机。与索马里海盗相比，西非海盗的暴力程度要厉害得多：他们最终要的是货物和金钱，而不是船员；为了达到目的，会随意枪杀人质，以达到"灭口"的目的。而索马里海盗主要通过劫持船只及船员，然后向有关国家政府、公司和人质家属索要巨额赎金；为了赎金，索马里海盗不会轻易伤害人质。

孟加拉国海岸线长 711 千米，大约有 750 万人靠捕鱼为生。每年 5 月 ~10 月是孟加拉湾经济价值高、孟加拉人喜食的鲥鱼捕捞季节，其中 10 月份鱼群最多，是捕捞鲥鱼的黄金季节；而此时也是海盗活动最频繁的季节。孟加拉海盗遇到过往商船时会向他们勒索赎金；但是遇到渔船，很多孟加拉海盗会把渔民直接扔到外海里。孟加拉海盗杀人是不喜欢见血的，那些被扔到外海里的渔民几乎没有生还的可能。

东南亚水域是当今世界上海盗出没频率最高，且最危险的海域；长期以来马六甲海盗犯罪案例又居东南亚海盗犯罪案例的首位，约占全球海盗犯罪案例总数的 56%。马六甲海峡作为连接印度洋和太平洋的枢纽，是连接南海与安达曼海的最重要水道，也是众多国家必经的海上通路。海峡全长约 1 080 千米，西北部最宽达 370 千米，东南部最窄处 37 千米，水深 25~150 米；每年有大约 5 万艘船只过往，承载着全世界 1/3 的贸易货物和 1/2 的原油运输；过往船只极易遭到海盗袭击。马六甲海域的海盗主要是来自马来西亚或印尼；他们有的平常靠打鱼为生，一旦看到途经的商船走得比较慢，或者出了故障抛了锚，就会一哄而上，大肆劫掠。

团、地区的团伙，我们才会采取必要的、正当的手段，予以打击和惩罚。我们在采取行动当中要严格遵循联合国提出的要求，并且以国际法及海洋法等相关法律为依据，不可能像有些国家一样，我行我素、肆意妄为，甚至胡作非为。

崔轶亮：多年来，中国威胁论、中国军力威胁论、中国海军威胁论，这些名词隔几年就会换一个花样跑出来。可我们换一个思路想想，假如我们不发展军力或者不再搞装备发展的话，中国威胁论就会消失吗？也不会。我个人理解，对很多小国家来说，你任何程度的军力发展它都担惊受怕。打一个比方，对一个生活在大象旁边的老鼠来说，大象就算打一个喷嚏或脚一滑，它的"房子"有可能就没了。这是小国看待自身周边的安全形势和大国看待安全形势一个非常大的不同点。作为大象来说，我们一方面要有风度，能俯下身子跟他们对话；另外一方面，只要行动符合国际上通行的公共秩序，我们做什么都没有什么问题，还是应该以我为主。

? 相对于他们提出的这种输出军力，什么样的一种作为才算是真正的在输出军力呢？

李杰：输出军力这个概念很容易被人理解为占领一岛一礁或者某个海域。但是，现在我们采取正当的行动，比如某个海域将来发生擦枪走火或者小规模局部战争时，我们出动适当的兵力予以维护，那不叫输出军力，只是维护自己的正当权利。输出军力是采取不正当手段占领其他国家的领土、岛礁或者侵占别国海域，把自身军力不正当地输出出去。但假如那个岛原本就是我的，我拿回来或者把它暂时控制了，这个不叫输出军力。

? 走出去的战略当中，能够输出怎样的中国文化影响力？

李杰：文化影响力这个问题，我觉得确实有必要好好说一下。实际上，对我们的文化影响力，也就是这些年说的软实力的输出，我们做得还是很不够的。中国到底要向外输出一种什么样的文化影响力？必须在国内先认真讨论研究好，真正搞清楚并找出输出的恰当方式以后，才能够在"一带一路"战略中加以实施，尤其是在"海上丝绸之路"战略推进过程当中，才能很好贯彻下去。

1405—1433 年郑和下西洋的时候，一个主要目的是显示当时大明王朝的强大，是集中一统的权威皇权。我可以无偿给你金银珠宝、丝绸、瓷器，但你们需要向我称臣朝贡；好大喜功的明成祖就想达成这个目的。实际上，由于明后期和清朝的闭关锁国、封海锁国，我们真正发展成为海洋大国和海洋强国机遇丧失了。所以我们输出文化时一定要想好，绝对不能再像郑和下西洋那样只是表达那种所谓的"至高无上"的一统地位或者以中国为中心的所谓海洋文化，而不进行贸易往来，不进行经济发展，不进行相互沟通，不进行合作共赢，那实际上是没有发展前途的。

我们现在要改变这种情况。当然我们肯定不侵略别人，但是我们要把一些技术含量比较高的产能、金融、货币通过"海上丝绸之路"或者"陆上丝绸之路"输出去，在输出过程当中达成共赢，不能做赔本的买卖。

改革开放这么多年已经取得巨大的成就，但是也存在着产能过剩、金融过剩或者货币过剩这样一些问题，怎么样把我们的优势更好地推广出去、发挥好呢？那就是通过"一带一路"，重点通过"海上丝绸之路"给沿途国家带来合作共赢的机会。我们有资金也有技术，比如我曾经到过中国最大的民营钢铁企业——沙钢，该厂的轧钢车间长就有 1 500 多米，西线的沿途国家可能不具备这种技术优势或者产能优势。我们可以通过这些技术优势去帮助它们，特别是我们现在的劳动力成本提升，我们轧钢成本更高，而国外某些地区的轧钢或者炼钢成本可能会较低。如果能把这些相对高端的技术产能很好地输出去的话，双方绝对可以达成共赢。

中国沙钢集团

崔轶亮：文化影响力实际是软实力的一种。现在老提软实力，到底什么是软实力？这又变成了一个学术问题。软实力可以理解为一种劝服的能力，我没有动武或者没有威胁要动粗甚至没有说什么事，但是我想办的有些事就办成了，就好像孙子说的不战而屈人之兵，这就是软实力的作用。可是软实力的输出也是一个很玄的东西。比如说，客观来说，美国的软实力在全世界范围内的影响力都是很大的，它的有些观念、审美甚至包括文化现象都有很大的影响力，但是似乎没有见到过美国政府有一个声势浩大的软实力输出行动，所以这种软实力很可能更多地是自发活动形成的一种影响。比如，我们都知道有一个很著名的话：你在哪里哪里就是中国。作为一个中国公民，我的一言一行、一举一动对当地的人来说就是中国人的言行，而这种看法实际上就会变成一种劝服的能力。劝服能力的高低取决于我们在自发的所有活动中表现出来的一些特质。在这个过程中，我们主动去推广什么不一定有好处，但是我们主动把那些不太好的行为、不太好的逻辑或者做法戒除的话会更好。最简单的例子就是不要随便乱涂鸦乱画，走到哪儿都写上"到此一游"，这种对文化软实力绝对没好处。

李杰：软实力在某种程度上，还要靠经济杠杆来起作用。比如说，美国的施瓦辛格拍了《终结者5》，在我国第一天的票房就达到1.67亿，而它在美国国内卖得并不好。施瓦辛格表示，过了二三十年重拍《终结者5》，他自己是非常看好的，国外一些人还愿意看这样的作品。这就是某种程度上的软实力的输出或者影响，是以经济杠杆来带动的。我们中国如果也能够有这样的大片输出到美国，我想这种软实力或者文化影响就辐射出去了。

施瓦辛格主演的《终结者5》

崔轶亮：刚才李老师提到非常重要的一个话题，就是这种向外辐射文化的影响力或者软实力一定要让它有一种内生的原动力，让它自己能够在那儿循环，这个循环最直接的表现就是让从事这种活动的人能够赚到钱，这是非常关键的。李老师说为什么施瓦辛格的片子在我们这儿卖得这么好，乐此不疲，自动自发地替美国文化辐射它的软实力，就是因为赚到钱了，这是很现实的问题。

? 通过文化输出来看"海上丝绸之路"，相比于"陆上丝绸之路"，它的优势会有哪些？

李杰：恩格斯曾经说过，舰船是所有大工业的集中体现，一个国家最先进的技术和文化都包含在舰船中。技术就不用说了，像海军的舰艇包括了从中国国内的船舶、航空、航天、兵器、电子、核能等十大军工企业，甚至还有大量的非军工企业。在文化影响力方面，比如美国航空母舰绝对是一个巨大的文化宣传体系。当其停靠在我国香港时，香港许多部门都要提前为它进行准备，包括航空母舰到一个地方让市民免费参观、举办鸡尾酒会、举行招待会、举行官兵之间友谊篮球赛等，实际上把美国海上力量、海上文化活动，通过这种方式传递给世界各国和各地区人民。通过航空母舰的外形、武器、设施等对别国形成震慑，同时又通过与航空母舰上五六千人形成战斗群体交流，又让人感到这确实是一个巨大的海上文化乐园，给人传递的信息是多元的、震撼的。这种文化影响力通过多种形式不断传输出去，潜移默化地影响其他地方的人。这种海上的文化传播力和影响力是不可小觑的，它会影响到世界各地。同时，美国招收海军新兵特别是航空母舰新兵的时候，也会进行多种形式的宣传，例如参加美国海军，成为美国大兵可以走遍全世界、玩遍全世界。

? 相对陆上运输来说，海上运输的优势有哪些？

崔轶亮：我们平常旅游，坐船往往不如坐火车快，坐火车一般不如坐飞机快，但是价格上也是越快的越贵。打一个简单的比方就能说清楚。假如我有 1 千克鸡蛋想要赶紧去送过去，这时候坐飞机是最快的；但是假如我有 20 万吨鸡蛋我要赶紧送过去，这时候船运可能就是最便捷而且是最快的方式。任何东西都是鱼与熊掌不可兼得，追求速度的话运输量肯定不行，追求大运输量的话速度肯定会降低，相互权衡。飞机有它自己的优势，但是我们知道中国一年的进出口物资的量要用上亿甚至几十亿、几百亿吨量来计算，在这么大的量面前显然海运最有优势。

李杰：船舶可以造得很大。中国能制造 30 万吨以上的油轮，所以船舶的装载量是飞机或者其他地面运输车等很难相比的，而且船舶装载物的体积可以很大。相比之下，火车装载量也很大，但是火车的装载物的大小就限制在火车车厢体积之内，

飞机的装载就更受限制了。

崔轶亮： 现在最大的飞机，载重两三百吨已经大的让人觉得不得了了；可是两三百吨的舰艇在海军里面简直是太小了，算不上舰只能算艇。这个也能看出来运力的不同。

？ 综合来看，海运还是有特别多的优势，那么"21世纪海上丝绸之路"应该得到一个怎样的更好的战略利用呢？

中国第五批护航编队特战队员在训练

李杰： 关于"海上丝绸之路"，我们今天讲了许多。通过这些讲述，我们了解到"海上丝绸之路"确实有得天独厚的优势，比如在地理条件和运力方面，都有无可比拟的优势；同时中国在海上提供安全支撑力、保障力的能力越来越强。当然，在如此多的优势的情况下，也存在不少弊端和风险。和"陆上丝绸之路"相比，我们一定要很好地权衡比较，"海上丝绸之路"优点优势到底在什么地方，有多大？缺点问题有多少？首先，要对彼此的优势和缺点进行比较，同时对陆上的优势和缺点问题也要进行研究与分析，然后再把这两者进行有效对比。"一带一路"是一个战略，而战略需要相当长的时间去贯彻执行。在今后相当长时间内，我们需要通过比较来确定哪个作为重点，哪个作为辅助点，哪个推进得快一点，哪个相对而言可能就要发展得慢一点。这个前提要定好，然后再讨论怎么应用。

其次，是怎么样更好地发挥我们的优势，怎样使优势发挥到极致，然后再把优势放大，把问题和威胁减到最小；怎么样克服各种各样的威胁，怎么样进一步加强海上交通线的安全保护等。我国进行了22批亚丁湾索马里海域的护航，那么今后其他海域、其他地区是不是也要加强，该采取什么形式加强？是不是也是采取护航编队的形式？很多人也提出来了，建立海外军事基地，但是现在这种可能性不大。如果不能建立海军基地，那么该通过什么形式，建设什么样的舰船？要把应用具体落实，才能够使"一带一路"，尤其是"21世纪海上丝绸之路"能够继续推进下去。

？ **刚才讲得比较宏观，能给我们讲讲具体的或者一些例子吗？**

崔轶亮：李老师讲得很全面，没有什么补充的必要。我只从"海上丝绸之路"的安全方面简单介绍两句。从世界历史给我们的经验和启示来看，安全保障是很重要的，尤其是当前我们的经济命脉可以说基于"海上丝绸之路"之上时，安全性对我们来说更加重要，但是维护整个航运线或者能源运输线安全，反倒不宜追求绝对的安全。我们知道安全实际上是在不同的国家或者团体之间互动的一个动态的过程，依赖于两边能不能达成一种默契，如果你也追求绝对安全，他也追求绝对安全，结果就是军备竞赛，近的有冷战，远的有一战之前英德之间的海军军备竞赛，结果很清楚，对大家都没好处，所以绝对安全的观念是要不得的。除此之外，这么宽广的一片海域要维持它的安全实际不是一个国家能包办得了的，在这个过程中我们应该充分把握形势，审时度势，找到帮手和我们一起维护海域安全，而不是由我们独自去保卫安全。这两点都是需要考虑的。这也是我们一直以来讲的，实施过程中一定要考虑到合作和共赢这两个概念。

李杰：第二点非常重要。过去相当长一段时间里，中国始终采取不结盟、不成立类似条约组织的准则；但是不结盟不等于没有伙伴或者兄弟。中国人经常说一句话，一个好汉三个帮，干任何事情，特别是海上要走这么远，其中一条主要的"海上丝绸之路"是从中国沿海港口连云港或泉州、广州等地出发，穿过黄海、东海、南海、马六甲海峡、印度洋，经过苏伊士运河到达地中海，全程1万多千米；如果我们仅靠一支海上护航编队保障全程不受海盗袭扰是无法办到的。如果马六甲海峡有海盗，怎么办？红海海域有海盗怎么办？霍尔木兹海峡有海盗怎么办？一定要有其他的好伙伴、好兄弟来共同解决问题。同时，对方也有一个到中国海域来进行活动和贸易的过程；我们相互之间必须提供这种合作。当然，我们不会像美国一样，组建冷战的北约、亚洲版北约，我们要进行的是伙伴之间的合作共赢。

第七章

坚强后盾

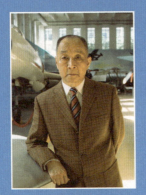

李杰研究员

魏东旭

　　疆域广大的中国在近代却被来自海上的列强欺凌，拥有强大的海军是几代中国军人的梦想。然而，海军的强军之路漫长且艰辛，甲午海战使大清王朝费劲心血经营的北洋海军灰飞烟灭，抗日战争再度使本来就孱弱的中国海军片甲不留。中华人民共和国成立后，几代海军人卧薪尝胆，艰苦奋斗，终于建立了颇具规模的海上力量。如今，"海上丝绸之路"的开辟，给我国海军提出了新的挑战，而海军也迎来了新的发展机遇。

？ **"一带一路"尤其是我们现在提出要发展"21 世纪海上丝绸之路"，是不是标志着我国有了新的海权思想？**

　　李杰：首先我想说一下海权思想。最早明确提出海权思想的是美国的马汉。其实，海权思想很早就有，包括中国。什么叫海权？海权就是对海洋的控制和利用权，中国实际上很早就有。但是对于海权真正有意识或者有比较强的意识或者能够更好地利用海权思想，实际上还是近代。由于西方列强对中国的侵略，特别是 1840 年以来我们饱受列强来自海上的侵略，但是我们在相当长时间之内几乎没有真正意义上的海权。比如说，从 1894 年甲午海战起，近半个世纪的时间内中国没有真正意义上的海权，因为受西方列强特别是近邻日本的侵略，我们没有海上控制权，谈

美国马汉

不上什么利用。1946 年，我国对南海的岛礁宣示主权、巡逻，那应该说是我们海上力量在某种意义上的发展壮大和巧势力的应用。进入新世纪以来，随着中国海上力量的强大，中国海洋控制和利用的能力日益加强。2013 年，我国提出"一带一路"特别是"21 世纪海上丝绸之路"的倡议，实际上是对我们新时期、新条件、新特别情况下海权思想的延续和发展，或者是海洋战略和海权思想的升华和归纳总结，而且要进一步发扬光大，在今后建设海洋强国战略当中，要进一步实施。这也是新海权思想的一种体现和发展。

？ 新海权思想是对以前海权思想的一种发展吗？

魏东旭："21世纪海上丝绸之路"一定要强调海洋的重要性，包括未来海权和远洋物流通道的打通，以及海上能源通道的打通。我个人认为，我们未来的经济，尤其是21世纪的经济很大一部分在外向型经济方面，我们要向海洋要增长点。这种外向型经济首先要求有国际竞争力的企业走出去，但单纯从陆地走出去可能会面临一些干扰和麻烦。有时候国际之间的合作，可能会受到陆上因素的影响，但海上就不存在这些因素。如果我们能够非常好地实施"21世纪海上丝绸之路"战略，大中型国有企业，尤其是非常有国际竞争力的企业就可走出去，从而带动经济的发展。与此同时，我国海军也要走出去，为在"海上丝绸之路"的跨国合作甚至洲际合作提供保护，不仅要保护"海上丝绸之路"通道和能源通道的安全，保护商船安全，而且要为友好国家甚至世界其他国家提供一些安全和防护产品，这也是作为负责任的大国应该在海上承担的责任。所以说，中国的海洋战略发展肯定离不开海军的保驾护航。

？ 我们之前说要以史为鉴，咱们从海军强国的理念，尤其西方一些海军强国的发展当中可以借鉴哪些经验和教训？

李杰：150多年以来，西方国家对中国的侵略掠夺，主要是从海上来的。这从另一个角度说明了海洋的重要性，而且是海洋对于人类发展特别是对一个国家发展的重要性。许多纪录片或者是文章，都反复提及一个重要观念，一个真正意义上的世界强国或者世界大国的崛起，离不开海洋的全面发展；如果没有海洋的发展作为可持续发展的动力，就不可能成为真正意义上的世界强国或者世界大国。中国必须要走这条路。但是，中国绝对不像西方列强那样走侵略其他国家的老路，而是和平崛起和和平利用海洋。我国提出建设海洋强国和"一带一路"的倡议，实际上就是在总结借鉴西方一些发展经验的基础上，加上中国特色的实质与内涵，发展我们新时期海洋的战略，也就是前面提到的新海权思想。

林则徐像

在新的时期、新的条件下，以美国为首的某些国家组成"亚洲版小北约"，继续加大对中国的封锁和包围。例如第一岛链、第二岛链，欧洲的北约及其相关基地，连同东北亚及东南亚地区的基地群，再加上澳大利亚、菲律宾、印度等国家进一步加入，可能使我们亚太前沿战略形势更加险峻，也更加恶劣。特别是近期，美国在南海问题上不断叫嚣和搅局，通过"航行自由""飞越自由"不断地介入南海地区事务，挑衅中国的战略底线。我们实施"21世纪海上丝绸之路"战略，就是不和美国在海上硬碰硬，而是由西向东突破，我们可以更多地采取向西走的战略，走海上丝绸之路，走我们自己特色的海洋道路。我们既借鉴西方的经验，又融合中国的特色，所以有新的特点、新的理念，我想可能会走出新的道路来。

？ 我们在借鉴国外经验的时候，主要有哪些教训应该吸取？

魏东旭：我个人认为，从教训方面来讲，就是不能落入对方的圈套。无论美国海军第七舰队或日本海上自卫队搞什么动作，今天的中国人民解放军海军已不是100多年前的海军，我们的海上作战体系包括攻防体系都很完备，一般的对手不敢轻易妄为。美日频繁挑衅或者经常在南海或东海搞一些小动作，就是想牵绊住中国海军走向远洋，走向印度洋或者更远、更广阔的海域。它们通过不断在中国的近海把一些热点问题激化，把我们的注意力甚至把主要兵力吸引在中国的近海。如果一直在家门口与他们就岛礁问题或者地区热点问题纠缠，而不把主要精力放在远洋，我们的远洋战略就会受到干扰。我们在有效保护好家门口的同时，一定要大步快速走向远洋，真正成为一个海洋强国和海军强国。这样的话，它的图谋或各种伎俩就不会得逞。现在中国的经济总量仍在不断增加，完全有能力支撑远洋海军，我们有能力让海军走得更远，我们一定要抓住这个宝贵的历史发展机遇。

李杰：当前或者今后一个时期，我们的战略就是海洋强国战略，或者说是中华海权思想。我觉得可以用 12 个字来概括，"近海要控制好，远洋要有影响"。我们一定要走向中远海，走向远洋；全球的海洋事务，我们都要积极参与。我们绝不仅仅盯住局部近海海域乃至有限的几条航线，而是要维护越来越多的海洋权益，包括进行深海资源的勘探与开采，比如在太平洋有两块深海多金属矿开发区，印度洋也有一块；将来我们在北冰洋也有一定的权利或利益，包括通航权甚至岛礁、海域等相关权利，以及天然气、石油的开采、获取权。实际上，我国的国防白皮书已经明白无误地向世界宣称，我们海军的战略是近海防御、远海护卫；也就是说，近海防御加远海护卫，期间还有一个过渡，最终逐步实现远洋护卫的战略。正确、有效的海军战略能更好地确保我们的海权思想和海洋战略的实现。

俄罗斯"库兹涅佐夫海军元帅"号航空母舰

魏东旭：我认为苏联海军的发展受到北约的海上制约和围困，以及当时面临的困境，我们一定要看到其历史教训。为什么这么说？当时苏联海军实力非常强大，因为受到北约海上家门口战略的影响，它的海军航空兵一直在苏联的近海海域活动，整体上处于防御状态，仅靠攻击性核潜艇或者战略导弹核潜艇在水下进行威慑，虽然说也发挥了一定的作用，但是整体效果并不明显。近海一直处于不安全状态，既牵扯了很多的国防力量，也使得整个的海军发展出现机械化，水面舰艇较弱，大中型的航空母舰编队一直没有成型，整个海军力量始终受到来自西方的海上骚扰，最终也并没有实现完全的全球部署或者全球作战。现在，我们发展海军时一定不能只发展某一种作战力量，比如单独发展核潜艇，一定要全方位发展，而且我们有这个经济实力和国防工业基础。我们现在有非常好的发展机遇期，一定要全面发展海军的能力，苏联海军的一些好的思想或者好的战略我们也应借鉴。

？ **我们要以史为鉴。**现在我们有"一带一路"战略，在这个战略之下，中国海军应该进行哪些方面的努力？

李杰：目前，在国家总体大战略下，我们的海洋战略及相应的海军战略同步跟进，这些年我们的海上力量，海军舰艇和中国海警局的装备，都在全面综合性、体系化发展。我们现在的装备发展，绝不能再走过去有些大国偏重核潜艇而忽视和忽略航空母舰作用的做法。当年，古巴导弹危机造成了严重的后果和巨大的影响。这些后果迄今还对俄罗斯海上力量发展产生严重的影响。当然，这对我们是很大的警示。如今的中国越来越注重核潜艇包括核动力攻击潜艇、核动力弹道导弹潜艇的发展。从上世纪末开始，我们就越来越重视航空母舰及其他大型战舰的发展。2012 年 9 月 25 号，我们有了自己的第一艘航空母舰，现在正在建造更多的航空母舰、两栖攻击舰，以及配套发展的 052C、052D 和媒体上不断报道的 055 大型导弹驱逐舰，外加各种大中型综合补给舰等。实际上，中国海军已形成一个全方位、体系化，既能远海又有利于近海作战行动乃至非战争军事行动的一支力量。我们绝不能再搞单一的或者在某种情况下，只适合某种情况行动和作战需要的个别兵种舰种的发展和建设。

俄罗斯的核潜艇

? **刚才提到，在舰艇发展方面要特别注重航空母舰及两栖战舰的发展。航空母舰和两栖战舰在"一带一路"战略的发展过程中将起什么样的独特作用？**

魏东旭： 目前来看，主要受中国外交政策和战略的影响，中国海军目前在海外没有大型或者综合的海军基地。如果我们有一些大型移动基地，我们在海外执行相关的任务时就方便很多。海军在执行远海护航或者巡航任务时，能够在某一片海域拥有制空权，水面舰艇就会得到掩护。当没有海外军事基地时，要想在某一片海域获得制空权，尤其是远洋或者离我们很远的海域，主要靠海军舰载机。如果说我们拥有了像"辽宁"号那样的大型航空母舰组成的编队，就能够在印度洋或者其他中国相关的海域长期巡航、长期存在，就可以有效掩护我们的海上物流通道。一旦某些国家出现了紧张局势甚至内战，我们的航空母舰也可进行救援和担负撤侨任务。现在中国的海外力量实在太弱了，无论在非洲还是中东，一个大型项目往往会有上千甚至上万中国工人在当地进行相关的建设，一旦这个国家出现了内乱，出现了武装冲突，造成机场关闭或者边境通道被封闭，如何才能把这么多的中国公民撤出来？这就需要包括航空母舰在内的大中型舰船在相关海域执行撤侨任务。航空母舰不仅可以搭载歼15舰载机，还可以搭载一些大中型的直升机。执行撤侨任务时，可以利用直升机直接把海外公民撤出来。大型的两栖攻击舰也可以执行撤侨任务，还可以完成人道主义救援和救灾任务。船坞登陆舰与航空母舰相比最大的优势是，里面有大型的坞舱。沿海国家比如像东南亚国家时常遭到台风海啸的袭击，一旦有一些沿岸的基础设施瘫痪，一般的水面舰艇无法靠岸；这时候大型两栖攻击舰可以用直升机把重要的医疗人员、药物、物资、粮食、帐篷等很快运到灾区。同样，航空母舰和两栖攻击舰可以迅速改建成临时医院，可以把一些受伤的人员尽快转移到舰上进行救治。航空母舰或两栖攻击舰不仅可以打仗，更多的是执行维护和平或人道主义救援任务，它发挥的作用可以说是多种多样的。

中国歼 15 舰载机

？ **是否可以这样理解，航空母舰和两栖攻击舰有不可替代的作用？**

李杰：应该说，相对于其他大中型水面战舰，航空母舰或者是两栖攻击舰有自己得天独厚的优势。现代海上夺取制空权和信息权是至关重要的或者说是第一位的；有了制空权、制信息权才能拥有制海权。航空母舰及两栖攻击舰上通常拥有批量的固定翼战斗机，依靠它们来夺取局部海空域的控制权完全没有问题。美国现役大型航空母舰载有 40 余架先进的三代战机或者四代战机，要夺取某个局部地区的制空权一点问题都没有。"辽宁"号航空母舰也拥有 20 余架固定翼战斗机，对付一些空军实力不太强的国家，夺取制空权还可以；但是对于空军比较强的国家，夺取局部制空权就存在一些问题或者不足。所以，航空母舰绝对是中国走向中远海海域，夺取制空权、制海权不可或缺的关键装备。实际上，两栖攻击舰更多地用于岛礁攻防作战和两栖作战，这两种大型战舰在非战争军事行动中都非常有用。美国现在越来越多地把它运用到非战争军事行动中，如抢险救灾等。2004 年印度洋海啸中死了二三十万人；在那场地震海啸中，中国也投入了大量的药品、食品、淡水、帐篷等物资，但最终却由美国的航空母舰和两栖攻击舰通过直升机等运输工具进行分发。许多我们中国的救灾物资变成美国大兵救援的基础物质。如果当时我们有自己的航空母舰或者两栖攻击舰，我们也可以直接把物资运往灾区；在利比亚撤侨时，如果我们有航空母舰或者两栖攻击舰到利比亚近海的相关海域，侨民受到的损失可能就要小一点。当然，2011 年利比亚撤侨，我们派出了一艘"徐州"号导弹护卫舰，安全撤离出 3.5 万人；但是，我们在那个地区的基础投资项目损失不少，也有不少基建、油气田设施、设备白白遗弃。如果我们的国家强大，军队强大，庞大的海军编队能够前出到临近海域，发生动乱的国家或地区就必须考虑到你的"拳头"、你的力量。2015 年的也门撤离外交人员、撤离中资机构以及撤侨中，我们海军在亚丁湾索马里海域的护航舰队第一时间赶到，发挥了重要作用。将来，我国海外利益越来越多、不断拓展，这些大

中国"徐州"号导弹护卫舰

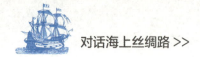

中型战舰所扮演的角色就将越来越重要。比如说，2016 年 8 月在地中海沿线，越来越多的人在询问，中国海军跑到地中海沿线干什么去了？一个原因是我们和俄罗斯之间，更加体现双方全面战略协作伙伴关系，同时也表明中国重视地中海地区。实际上，将来"一带一路"特别"海上丝绸之路"必然要到达那个地方。此外，我们也要保护海上运输线和海上交通线的安全，这时大中型战舰非常重要，特别是在我们没有海外基地的情况下，大中型战舰包括航空母舰或两栖攻击舰，可以在中远海海域起到不可或缺的作用。

？ 在 21 世纪中国经济发展中，海上经济应该是一个重头戏，两栖战舰在保护中国的海外经济方面有着什么样独特的作用？

魏东旭：大型的两栖攻击舰在维护中国海外利益，尤其是海上经济利益的时候有很大的独特性，甚至有不可替代的作用。从造价来看，两栖攻击舰肯定比航空母舰便宜，在应对一些非传统安全任务时，两栖攻击舰有时候更加灵活。举一个例子，比如中国在非洲或者中东某些国家有大型的基础设施建设，一旦这个国家出现了内乱或者武装冲突甚至爆发内战，如果我们能够在相关的海域常态化布局大型两栖攻击舰，就可进行人员撤出，也可投送一些维和力量。某些内乱国家，如果知道在它的周边海上，有我们中国的大型战舰尤其是两栖攻击舰的存在，它就不敢轻易打一些歪主意。比如有一些国外犯罪团伙，恐怖组织，有时候会绑架海外公民，向相关公司甚至向国家索要赎金，但我们通常都不可能对它采取强制性的手段解决。海上强国怎么处理呢？欧美国家特别是美国一般是不跟你谈判的。如果说在海上抓了美国人，美国第一解决方案是派出两栖攻击舰，舰上的特种部队搭上直升机深入到某地对绑架的武装团伙或者武装组织实施剿灭，通过强硬手段来营救本国的公民。通过几次成功的营救，就可以对这些恐怖分子或者非法武装起到巨大的震慑作用。如果中国海军也具备这种强大的远海行动能力，具有远海实施特种作战包括解救人质的能力，相信我们在海外的中国公民、海外大型基建项目，包括一些能源合作项目的安全系数就会提升，因为当地的武装分子或者犯罪分子，在心里首先要掂量掂量敢不敢挑战这样一个海上大国。

？　有没有两栖战舰保护过侨民的行动？

李杰：当前，我们两栖攻击舰正在研制与发展过程中，但是在亚丁湾索马里海域曾有船坞登陆舰去过，它在护航行动中有过相当出色的表现。但是，两栖攻击舰还没有真正加入现役，当下还谈不上在各种行动当中有所表现。

相对而言，两栖攻击舰的敏感度没航空母舰那么高，而且操作运行的成本比较低。更重要的是，该型舰上搭载的主要是直升机，操作起来比起固定翼战斗机更加灵活、方便。

美国"塔拉瓦"级两栖攻击舰

魏东旭：我们目前主要装备的是 071 型船坞登陆舰，没有执行过大规模的海洋任务。有一次在亚丁湾执行打击海盗护航任务中，我注意到大型两栖攻击舰的坞仓当中没有搭载两栖攻击战车，而是搭载两三艘块头比较大的快艇（并不是冲锋舟）。相对来说快艇抗浪或者耐波能力比较强。这种一大一小的模式有助于在某一片海域实施常态化巡航。大型的船坞登陆舰变成移动的母港，利用快艇或者中小型的巡逻艇直接在坞仓之内进行检修或者人员的轮换部署，可以在某一片海域或某一段航道内形成常态化的警戒和巡逻。这样的话，海盗或者恐怖分子对中国的商船下手的难度大了许多。以大带小的模式可以对某一片海域加强警戒、加强管控。撤侨行动中，里面坞仓容量很大，可以接纳数千人，确实比较管用。

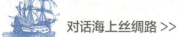

？ 现在很多专家讲海上机动基地，即人们熟知的海上机动平台，中国海军已有相关建设吗？它的必要性在哪儿，能不能完全代替补给基地？

李杰：中国海上力量走向中远海或者走向远洋的时候，在还没有海外基地的情况下，当然要采取各种形式包括各种综合补给点等来进行补充，此外还应该有海上机动平台之类的新型装备。实际上，美国目前在全球还有八九百个海外军事基地，海

延伸阅读

分布在吉布提的外国基地

　　吉布提位于非洲东北部亚丁湾的西岸，东南与索马里接壤，西南、西部毗邻埃塞俄比亚，西北毗邻厄立特里亚，东北隔着红海的曼德海峡与也门相望，扼守全世界最繁忙的海上通道之一的曼德海峡，战略位置极其重要。吉布提国土面积 2.32 万平方千米，海岸线长 372 千米，人口 90 万。

　　吉布提境内有美军在非洲最大的军事基地和法军在海外最大的军事基地。"9·11 事件"之后，美国以反恐为名加快了在非洲的军事力量投入和兵力部署，其中最重要的就是在吉布提部署兵力兵器，为此美国每年为该军事基地支付 6 300 万美元租金。2002 年 6 月，第一批美军驻进了法国撤走后留下的莱莫尼尔军营；该军营大约占地约 5.9 万平方米，与吉布提机场有跑道相连。美国常驻该基地约有 4 000~5 000 名官兵。该基地也是世界上最大的无人机基地之一，每天都派出大批无人机搜寻侦察，朝东飞向也门，朝南飞向索马里等地。近年来，美军无人机每年都收集数万小时的情报、监视和侦察信息。长期以来，美军在东非地区采取的军事行动中，莱莫尼尔基地都在其中发挥巨大作用。为配合全球反恐战略，美军还将在该基地建成地区反恐指挥中心——非洲之角联合任务部队总部。

　　法军吉布提基地是法国在印度洋–红海地区重要的军事基地，现驻有法军 3 800~4 500 人（这是吉布提政府与法国政府于 1977 年 6 月 27 日签订的一项临时军事议定书所规定的）。法国驻吉陆军有两个战斗团和伞兵团的一个别动连；海军有一支增援印度洋舰队的海军部队，一支突击队和一个通讯监听站；

军占相当大的比例，且大都是大中型基地。这些基地无论装备、物资、淡水、维修等都有得天独厚的优势。此外，美国在世界各大洋还部署有大量的预置舰船，共有几十艘部署在各个大洋，包括印度洋、太平洋、大西洋。这些船都装备着陆海空的装备，包括能够实施海战、空战甚至陆战的前沿作战装备和各种物资。一旦需要，可就近马上补给，使美国海军、海军陆战队迅速组建为一支全副武装的部队，且在第一时间赶到作战地域，投入作战行动。美国海军大力发展海上机动登陆平台的目的是什么？其目的是能使两栖攻击舰、航空母舰等远道而来的战舰借助海上机动平

空军有一个歼击机队和一个直升机运输大队。多年来，法国还一直向吉布提军队提供后勤援助，并派遣军事合作人员，帮助吉布提维护国家安全和培训军事人员。

日本如今在吉布提也设有一个基地。早在2009年4月，在吉布提外长尤素福访日期间，吉日双方就正式签署了《建立后勤补给基地协议》，确定吉布提将为日本海上自卫队后勤补给基地提供一块面积达12万平方米的基地用地。作为"投桃报李"，日本向吉布提提供了3 500万美元的援助，其中四项双边无偿援助协议金额约2 640万美元。2011年该基地启用时，根据《日本自卫队法》，这个基地的活动权限和保有期仍受到许多限制；直到2013年，安倍首相"亲自到访"吉布提时才明确表态：吉布提基地不仅继续保留，而且要建成多用途且有一定防御能力的军事基地。目前，这座日本首个"半永久性海外基地"已初具规模，基地内的设施和人员也已为数不少，包括机场、停机坪和机库，以及3架P-3C反潜巡逻机；外加180人的自卫队部队。根据日本《海盗处理法》的规定，每4个月日本都会轮流调换使用2架巡逻机，以及海上自卫队航空部队110人和陆上自卫队70人。下一步，日本决定将加速扩大现有基地面积，增派多架C-130运输机和多辆"大毒蛇"装甲车，以及更多兵员到该基地，以期在最短时间内将其建成一座攻防兼备的中型综合军事基地。

2016年2月，中国开始在吉布提建设在海外的第一处综合补给基地，以为中国参与维和及人道主义救援任务的护航编队提供补给与支持。

台来利用海上预置舰的装备、设施和人员。简单地说，海上机动平台就是半潜式舰船，两栖装甲车辆或者气垫船，水进入压载仓后半潜到水里，把坦克、气垫船等两栖输送工具开到机动平台上，再把压载仓水去掉，就可以航行到比较远的海域；到了相关海域后，靠近要攻击目标或者准备实施行动时，再把压载仓水压进仓底后，把这些装备或坦克、气垫船等放出来。这样做的主要好处是，可以航行至比较远的海域，克服了两栖坦克、气垫船等登岛作战或实施作战的装备航程的不足，解决了转换航行过程当中的一些过去经常出现的问题。像美国这样的大国，有大量的海外利益，因此需要这些东西。如今中国的国家利益在不断拓展，海外利益也在加速拓展，我们有越来越多的华人华侨，越来越多的海外利益。我们在全球有将近 1 亿华人华侨，一定要维护我们的中资企业、华人华侨利益。当然，我们需要众多的大型战舰，包括航空母舰、两栖战舰、大中型战舰，以及各种作战平台。在没有海外基地的情况下，更需要海外机动平台战舰来有效实施作战任务。海上机动平台至少可以起到临时海上基地的作用，起到中转抢修的作用，它的功能特点是非常突出的，也是非常需要的。在这方面，我们已经开始起步腾飞，也有这样的船舶问世了。我们毕竟在发展过程当中，国家利益或者战略需求还没有美国这么大，但是我想：我们这方面的技术和经验可能还不是太足，今后会进一步提高和发展的。

美军的"海上基地"机动平台

? 这种海上机动平台还是不能完全替代补给基地，只能起一些临时的作用。

魏东旭：对，目前是这样。因为大型的海外军事基地不单单是一个军事问题，还涉及外交关系甚至政治关系，只有未来时机成熟或者我们有迫切的需求时，这种大型基地才会成为我们考虑的方案。当然，我个人认为，在海外一些重要的海域有一些海上的补给基地或者维修基地肯定是最好的。因为海军官兵在执行远海护航巡逻任务过程当中长时间在海上部署时，身体会受到一定的影响。比如，在狭小和封闭空间内长时间的工作和作业，对他的体力甚至精神状态都会产生影响。如果能够靠岸，到岸上接受补给，对其身心都是非常有帮助的。现在有很多国家也看到了中国海军其实是一支和平力量，并不是到海外去打谁或者吓唬谁，希望为中国海军提供海外的落脚点或者补给基地。这是人家提出来的，我们还在考虑思量。从整体的发展战略来讲，确实需要海外的补给基地以及海外固定的补给点。军舰在远海长时间航行过程当中，难免需要维修和油料、淡水、蔬菜等补给，如果有固定补给点，这些问题都很好解决。另外，中国的官兵也可以到岸上更好地修整，有利于战斗力的持续保持，执行海上巡逻任务时，精神状态会更加饱满，而且身体素质会更好。至于什么时候能够建立海外补给点，还要从战略方面和外交方面考虑。

? 在"丝绸之路"沿途的也门、苏丹、中东地区的利比亚、叙利亚地区都有战乱。这些战乱对我们的安全会产生不良的影响，中国海军如何去应对？

李杰：实际上，面对这条走向欧洲为主的"海上丝绸之路"，应该说面临着很多的风险和挑战。面对这些风险和挑战，我们应该怎么应对？我觉得，首先要调整好战略，先得明确我们要干什么，我们是要建立21世纪的海洋强国，我们要建立强大的海军。我们把国家的战略确定好，就能够更好地发展相应的装备和配套的设施。比如，我们发展大中型战舰，包括航空母舰、两栖攻击舰、大型水面战舰、核潜艇。实际上，我们的核潜艇去过印度洋好几次了，外交部发言人也明确说我们的核潜艇主要是为了对付海盗。如今我们已经基本配齐了各种体系化的海上力量，海军航空兵也在跟进。在这种前提下，我们还得发展相应的武器装备，比如对付海盗的、对付恐怖分子的、对付非战争军事行动的、应对各种天灾人祸的。

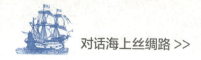
中国军队到马来西亚参加演习，陆海空三军都去，不光对于周边近海，也包括中远海如马来西亚、新加坡、马六甲海峡、印度洋，只要有可能涉及中国海上相关利益的，今后我们都要去。将来绝对不是单一军种的发展和提升，而是包括陆海空三军和火箭军力量的发展，这是一个综合配套体系的全面发展。当然，海洋方向绝对是以海军力量为主的发展。这里面还必须要提到一句，我们在发展海军力量的同时，实际上在近海海域正越来越多地由中国海警承担执法任务。2010 年，我们建立了黄岩岛模式，对于解决周边近海海域的问题起到重要作用。只有家门口这些事解决好了，解决利索了，中国的海上力量，特别是海军力量才能更好地走向中远海，才能无后顾之忧。我认为，中国海军将来不仅要应对像中东地区、非洲地区的各种政局不稳，将来还要应对沿途一些大国的挑衅或者挑战。举例来说，从印度洋走向红海、地中海直达欧洲这条海路上，大国还是很多的，包括美国基地、印度、法国、澳大利亚，现在日本也插足其中。目前日本在吉布提建有军事基地，我们面临的海上风险和挑战还是非常多的。我们海上力量的发展特别海军力量的发展，一定要能够有效地应对可能发生的战事；同时还要能够有效地应对各种非传统威胁的安全所带来的挑战和各种不利情况。

?　在保卫我们的安全过程当中，中国海军应该用哪些装备和武器？

魏东旭： 举个小例子。在执行打击海盗或者护航任务过程中，我们水面舰艇的主战武器装备用不上。海盗再厉害，他们驾驶的舰船也不值咱们反舰导弹甚至舰上的主炮轰击，打击海盗一般不会用到大型舰炮或者反舰导弹。我曾在某些舰艇上面看到过声波武器，它的个头不是特别大，直接加装在军舰的某个位置就可以。这种声波武器并不会对身体造成严重的损伤，但是会使其暂时失去抵抗能力。一旦发现海盗小艇或者小船，如果对方拒不缴械投降，可以利用声波武器让他暂时失去抵抗力。此时，海军特战队员或者海军陆战队队员可驾着小艇或利用直升机上船进行查证。

亚丁湾巡逻的美舰上所使用的声波武器

我们经常在西方主流媒体上看到这样的新闻：某国海军抓到一个海盗，把他们弄到自己国家去，法院把他们给判刑了。目前，中国海军执行了很多驱离海盗的任务，但是还没有实行抓捕。这里有一个相关的法律法规需要完善。比如，什么样的海盗可以抓，抓完之后要怎么办？这个也是我们未来需要解决的问题。除此之外，我们还要加强与其他国家海上力量的合作。比如在"21世纪海上丝绸之路"的战略框架之下，许多印度洋沿岸国家、亚丁湾沿岸的中东国家和一些非洲国家与中国之间的军事合作是非常紧密的。很多国家的海军主战舰艇都是从中国购买的。我们的海军可以发挥传帮带的作用，把我们的先进经验，尤其亚丁湾护航的经验、打击海盗的经验传授给我们的同行，让他们在本地利用中国舰艇更好地发挥巡航和护航作用。在某次撤侨过程当中，巴基斯坦海军使用从中国购买的护卫舰不仅把本国公民侨民撤出来，顺带着把一些中国的公民也撤出来了。这也说明海军合作应对海上突发事件，具有非常现实的作用和积极意义。

❓ 能否给我们举一个在护航行动中比较有意思的装备或者武器？

李杰： 在亚丁湾索马里海域的护航行动中，目前对海盗主要采取驱离的方式，最有效的装备和手段是直升机。直升机具有居高临下，处于不同高度的优势。当今海

俄罗斯卡 –27 舰载直升机

盗舰船的航速比较快，航速可达几十节，有的甚至比海军水面舰艇还快。但是，再快也快不过直升机，直升机的速度至少是其 8~10 倍。再一个，直升机能够快速赶到出事地点，还可搭载各种武器，包括夜光弹、声爆弹等，能够对海盗实施强大的震慑或恐吓，在不出现极端情况下，一般能将海盗艇驱离。但是现在对于海盗，如果说抓捕了或者打死了，后期的处理确实比较麻烦，因为缺少相关的法律法规。实施驱离时，如果用直升机的话，可以从远及近，声音越来越大，而且空中目标越来越明显。再一个，直升机居高临下，一般海盗目前还没有什么手段来对付。而且直升机手段很多，将来如果能进一步发挥直升机作用，一般中国护航编队每次就可配备有 2 架直升机，可担负各种各样的任务，可采取直升机来回定期巡逻的伴随护航方式，这样会事半功倍。

? **我们要借鉴一些海军强国的经验和教训，中国海军应该跟国外的同行进行什么样的合作？**

魏东旭：我个人认为，从海军来讲，首先要强化国际之间的多边交流。在传统安全领域和非传统安全领域，都可以交朋友；在"海上丝绸之路"沿岸一些国家，尤其是友好国家之间应巩固我们两国的关系，特别是巩固两国海军的关系。另一个方面，应经常举行海上联合演习和演练，比如在印度洋和非洲，尽量和周边国家举行相关演习，通过演习和演练加深互相的了解，通过演习和演练为将来应对海上突发情况，总结出预案或者合作方案；一旦发生类似情况，两国海军可以按照预案直接采取行动。从另外一个角度来讲，海军是中国的形象大使，通过出国访问和海上的活动，可以让其他国家来看一看中国的国防力量和海军力量。这种海军形象的推进和推广在海外确实可以产生积极的作用。通过国防力量的展示，确实可以让一些国家看到中国海军的远洋行动能力，可以在远洋保护中国的利益。

中美亚丁湾联合演习中直-9在美军"梅森"号导弹驱逐舰降落

李杰：还有两点可以进一步加强合作。一个是情报信息的沟通，一个是加强彼此间的联合训练与演习。印度洋海域那么大，一个国家能力再强，海上力量再强大，实际上也是挂一漏万。到目前为止，美国、北约、欧盟、俄罗斯，在印度洋都有护航编队，不同的国家处于不同的护航区，各方信息的探测和获取手段不一样，对于出没不定、四处流窜的海盗信息一定要交流沟通。除了要加强共同联合演习和训练之外，对于相关海域护航行动，将来可能要划片分区来管理，一个国家护航力量再强也有力所不逮之处，不可能对所有的海域都采取护航行动。在这种情况下，我们要和相关国家协调好，比如我负责一块区域，你负责一块区域，我们联手维护好整个区域。目前除了在亚丁湾索马里海域外，全世界有五大海盗严重出没区，在"一带一路"这条主航线上就有四个。我们不光要注重亚丁湾索马里海域，南海也是海盗和恐怖分子出没的重点地区。我们和马来西亚海陆空三军联合演习，除了有效维护通道安全，保卫海上交通线安全和运输通道安全之外，还有一个很重要的任务就是反海盗、反恐怖。将来我们也应该格外重视在其他相关海域的反恐、反海盗任务；如果需要的话，我们也要积极参与其中。

总之，"一带一路"战略和中国海军发展存在着必然的联系，中国海军在"一带一路"战略的实施过程中，必将发挥不可替代的重要作用。

第八章

安保新模式

李杰研究员

吴国华

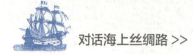

　　"一带一路"是攸关中国和平崛起的重大战略构想,推进"一带一路"战略势必带动大量的中国企业和人员走出去。对"一带一路"沿线国家和地区的政治安全环境进行分析和研究,以及评估涉外企业的安保风险,探讨建设企业安保体系等都已成为我国推进"一带一路"战略的必谋之举。

? **随着"一带一路"战略尤其"21世纪海上丝绸之路"战略的推进,沿途和沿线的危机和威胁应该说是逐渐在增大,在这个过程中安保的重要性是否也日渐突出?**

李杰:我国提出的"一带一路"尤其是"21世纪海上丝绸之路"战略,其实是伴随着中国海外利益的拓展而不断向外延伸。大家都知道,海外利益最早是2004年提出的,距今已经十多年了,当时外交部成立了海外利益事务司,专门负责海外利益对外方面的事务。从那时候起,中国的企业就越来越多地走向国外,如今已有百万以上中国工人,以及几万家中国企业走出去了,遍布180多个国家,将来会有越来越多的海外企业,特别是会有越来越多的各类船舶,比如超级油轮、散货轮、集装箱船等。

全球最大型矿船40万吨级的"宏远"轮停靠曹妃甸

这些年"海上丝绸之路"面临的问题也越来越多。从 2008 年开始，我们的海军于当年 12 月 26 号派出第一批护航编队，到现在已有 22 批。那时还没提出"海上丝绸之路"，像海上运输通道的安全，遇到海盗恐怖分子到底怎么防，当时也有过争论，提出了采取各种各样的模式，提到了军队、武警、安保模式等。但是由于各种各样的原因，最后还是派了海军护航编队。吴总原来在部队当过团长，对成立安

美国黑水公司

保公司特别是"一带一路"当中的一些包括陆上和海上的问题，可以请他多谈谈。

吴国华：随着国家"一带一路"战略的深入推进，大批的中资企业需要走出国门到其他国家去投资。据不完全统计，现在海外的中国企业已有 10 万多家，投资额在 3 万多亿美元，上百万国人在海外工作和生活。现在面临的一个是运输的问题，再一个是来自极端组织的威胁；像塔利班组织，他们要想生存下去，就得求取钱财、资产，他们的劫掠对象就转向了中国的企业。另外一些国家的犯罪分子也把中国的企业作为袭击的对象，海外国人面临着严重的威胁。截至 2014 年，几年的时间里发生了上万起海外领事保护案件，但我们也就是通过外交途径跟当地政府协调，请他们的军警提供保护，而没有确实的措施。像美国的黑水公司、德国耶鲁格鲁伯格、德国塞库利塔斯公司，他们有完整的保护本国海外利益和国民安全的措施，通过非政府行为非官方背景而且以商业行为的手段保护本国公民的安全。这些都值得我们借鉴。

？　中国在建立和发展安保公司的时候，是否需要借鉴美国黑水公司等世界著名的安保公司成功的经验？

吴国华：应该向他们学习，但是中国有其不同的特点。我们国家《保安管理条例》出来之前，不允许办民营安保企业。我们的安保企业是官办的，公安局来办来掌控。这就带来不少问题。一个是带有政府背景，不好出去，出去就代表国家。另外，这些安保公司采用属地管理，意味着哪个区长也不愿意自己的安保公司出去，一旦惹麻烦以后政府机关负连带责任。所以，只能办民营安保公司。民营安保公司 2011 年

以后才合法化，中国政府才允许办民营安保公司，时间比较短，力量就薄弱，资金招募方面欠缺，经验方面也欠缺。现在民营安保公司正在探索解决这些问题的办法。中国海外投资联合会和中军军弘集团联合建立了中国海洋安保联席会，目的就是通过联席会的形式把中国民营安保企业组织起来，大家共同走出去，在"一带一路"沿线的国家建立安保体系，而不是派几个人出去。这个安保体系应能把所有社会主义国家安保体系铸成一道安全网络，只有这样才能解决问题。

中军军弘集团海卫队员

? **安保公司应朝着体系化的方向发展。咱们国内的安保公司和世界著名的安保公司之间有哪些差异？**

李杰：我们国内现在的安保公司小、多、散。国外的那些大的安保公司中，年头比较长的安保公司有不少。刚才提到黑水公司还不是最大的安保公司，只排在第三位。世界上最大的安保公司是英国GCS，它在100多个国家都有子公司、分公司，有几十万员工。这种公司时间长，规模比较大，经验比较丰富。实际上，我们从2004年才提出这个概念，开始逐渐摸索这个事，满打满算就10年多的时间。2011年才开始正式启动，正好也符合"一带一路"战略。我们应趁势而上，在两三年的时间里，努力克服小、多、散的问题。像之前的一些研讨会也讲到，我们必须要有几个大的领头羊，不能这么多的小公司一哄而上，没规模起不到很好的保护作用。小公司和国外谈判过程当中以及和政府、当地的安保公司联手过程当中会出现各种各样的问题，没法解决，比如执行法律的问题，当地合作的问题，培训的问题，基地问题等。所以现在主要还是要解决比较"散"和比较"小"的问题，要搞几个大公司先走出去，比如像华信中安、中军军弘这样的公司。

中军军弘集团徽章

另外，必须要有一个规划和长远的目标。我们与黑水公司等的主要差别一个是成立得晚，第二个就是人员素质方面。虽然我们有很多素质很高的人员，比如特战部队的人员、武警、海军陆战队队员，个人素质都很好，可是个人素质好与在特定环境下进行安保是两回事。比如，海上遇到海盗，安保人员就不能像美国特战队员、海豹突击队那样，从直升机空降下来，而是必须搭软梯，而且你不像海盗有很多弹药，这就要求你擒拿格斗空手夺枪技能要强。

美国黑水公司雇佣兵

再者，在制订长远规划方面，我们国家很多部门都有，但是如果公司比较小，只能维持暂时的生计和生存问题，就无法考虑到下一步怎么走，再往后怎么经营，怎么扩大，怎么在海外和其他公司联手，怎么与国外政府、地方法事部门和军队警察结合，还有就是要怎么和中国海军的护航编队、中国近海中国海警联手等一系列问题。要是大公司，情况可能就会有所不同。

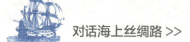
？ 当我们安保公司走出去之后，它是如何与当地的政府、军队、警察或者海外的安保公司开展合作，来更好地为华人华侨和海外机构提供一流的服务？

吴国华：安保公司要走出去，刚才我提到一个体系问题，我还向中国安保联席会提出要建立五大体系。第一，严谨的组织体系。把公司组织起来，像军队一样有组织，不能放羊似的一哄而上。第二，高端的智慧体系。请有关专家来进行安全风险评估，制订安保方案、出行方案。第三，规范的培训体系。不光是安保人员，

美国黑水公司装备的武装直升机

出去的企业人员都要进行安保培训。每个企业自身要有防护能力，不能光靠别人。第四，强有力的人力资源体系。需要人时我能派出去，我得有人。现在安保公司最好就是一个蓄水池，把人招来，先安排在公司岗位实习，需要的时候再派出去；他们先要了解法律法规、当地风土人情、武器装备使用以及其他技能。第五，强有力的保障体系。公司得有武器装备，得有资金支持，得有海外基地。

我们现在按照五大体系提供十大服务。当然建立这五大体系，光靠我们一家肯定不行。我现在的做法是三方共建，所在国的政府机关，像在柬埔寨和内政部、国防部合作，在马来西亚和当地最大的安保公司合作，在吉尔吉斯斯坦和内政部合作，让它们持有一定的股份，一般都在30%左右。第二，中资企业已走出去十几年或者二十多年了，在当地有一定的社会资源和实力，让它们持19%的股份，我们做安保工作的占51%的股份，这三方组织起来的安保公司，再加上当地的安保基地才能发挥作用。有中国企业支持，就有客户单位，有市场；有当地政府支持，就可以使用武器，政策上才给你倾斜。我们占51%的股份，我们要指挥安保力量，不能落到别人手里，我们出去是为了保护我国海外人员和机构安全，不能给别人做嫁衣。我们在海外要成为具有非政府背景的非解放军和武警行为，但是能够肩负起维护国家海外利益，保护国家安全重任的一支安保力量。

李杰：所以说要有像吴总这样军队出身的人来做这件事。他们当过领导，有一定的战略思维和战略思考能力，有严明的纪律和很好的管理能力。再就是刚才讲的，要有创新的模式。每个国家的经济状况、体制都不同，国家的制度不同、法律规定不同、人文情况不同，所以要和不同国家的政府部门结合，比如刚才讲到在柬埔寨和司法部或者国防部合作。同时，也要和中资企业结合，我们安保公司的核心目的是保护中国驻外机构和人员的安全，安保公司可以做当地政府、军队、警察和其他部门完成不了的工作。国外的安保公司，像刚才讲的黑水公司，英国GCS都是很有经验和能力的公司，但它们也是毁誉参半的，有好的一面，也有很恶劣的一些方面。黑水公司曾经在伊拉克枪杀了十几个平民，和当地不融洽，不符合当地的人文和法律规定；但我们中国的安保公司就很好，我们有严密的纪律和严格的管理制度。所以，千万不要把安保公司变成保镖公司，很多人一提起来安保公司就认为是保镖，出去替中资企业或个人进行保镖工作，在海上替轮船或者运输油轮护航也是保镖。我们不是黑水公司那样单纯的保镖性质的公司。

? **我们有一些安保人员是退伍的特种兵或者是武警退伍官兵，在这方面您是如何培训的？我们是否借鉴了国外比较成功的经验？**

吴国华：我们招的人主要来自军队、武警，有一定的技能，不需要进一步训练了。咱们国家是不允许武器训练的，所以我们集中起来进行法律法规培训，特别是准备去的国家的法律法规，要进行一对一训练。我们编写了300句简单英语手册，要求他们从头到尾背下来。一般战士文化程度不太高，初中毕业就入伍，英语不太好，我在编写手册时就用英语再加汉语的形式，有汉语发音，这样战士们也好学好记。他们都在安保队伍里面待命，先在国内服务，需要去哪就去哪；去哪个国家就到哪个国家的基地进行武器训练。有的去护航，有的去营地守护，还有的是机房监控。根据不同的专业进行

中军军弘集团董事长吴国华与外国友人

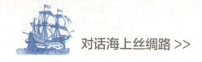

专业培训，掌握技能后，再进行分类指导。

李杰：刚才讲到的技能培训非常重要。虽然我们的安保公司招募的大部分是武警和特战队员，个人素质很好，但是他们的法律知识也一定要全面。各国各地区的法律都不一样，比如在某国家的某地界或者海域范围可以使用武器，但使用的武器却有规定，可能不许使用半自动步枪或者自动步枪，其他枪还可以使用，澳门地区就只能使用单发防爆枪等。我们既要学习一定的相关国家地区的法律知识，也要会使用相应的武器。另外还有一些像刚才讲的在海上做安保就要学爬软梯，万一子弹打完了，海盗爬上来，你怎么对付它？需要提前有预案和相应的培训。实际上，不同国家有不同的应对方案。国外的一个船长，曾经请了两个美国黑水公司的安保人员对付海盗。他们怎么对付？开枪射击。子弹打完了怎么办？那就投降。这个船长后来又碰到中国的安保人员，中国安保人员的回答非常明确，如果子弹打完了，海盗冲上来了，那我就空手搏斗，坚持到最后一刻，宁可叫海盗从我的尸体上过去也要保护船的安全。中国的文化和国外不一样，当然我们也不一定要完全照搬这种形式，但是我们的训练要求、方法、武器的使用、法律法规的了解以及文化知识的学习要区别于国外安保公司的训练。中国安保人员的一个最大问题就是英语问题，在国外与人交流过程中可能会出现比较大的障碍，短期培训难以解决这个问题。

？ **我们了解到，您这里大概已经储备了约 2 000 名安保人员，这些力量应该说是可以随时出发的。这些安保人员在成分、机构建制、武器手段、指挥系统、武器装备等方面对于其他的安保公司有哪些可以借鉴之处，自身还有哪些亟待解决的问题？**

吴国华：咱们这个机构不同于解放军，得根据使用单位的需求编制。使用单位需要 100 人，我们就编一个连，需要 30 人，我们就编一个排，灵活性非常强，不是一成不变的。此外，还得根据任务来编组。现在招收人员之后给每个人都办了护照，都进行登记和背景审查。100% 的人员来自军人和武警战士，不是军人或武警的人员也是在安保队伍里面干过五年以上的。国内的人员都在部队当过干部，我在 194 师 582 团当过团长，现在公司的经理们有的是以前的大队长、营连指军官或者排指军官。部队裁军后，他们要自谋职业，我把他们组织起来，再为国家做点贡献。

？ **我们的武装安保人员在国外执行安保任务的时候，如何与中国的海监、中国的海军护航边防武装力量或者准武装力量配合？**

李杰：这是一个正在深入研究的课题。在派出护航编队之前，我们曾经考虑过到底是派一支军队、武警，还是在海监之外组织一支安保力量。再一个问题是，怎么能够长时间维持这支力量？现在海军护航编队在亚丁湾索马里海域待了七年多，没有庞大的军队体系来支撑的话，光是舰船轮换就换不起（每三四个月换一批）。实际上，将来"海上丝绸之路"护航任务中，海军护航的只有一段距离，也就是在亚丁湾索马里海域，其他航线要依靠安保公司。我曾经看数据，马六甲海峡海盗数量一点不比亚丁湾索马里海域差，曾经占到全球海盗的47%~48%。地中海的海盗也很多。这两年海军开始在地中海进行演习，有保护海上通道和"一带一路"问题，也考虑到中俄之间的协作和反海盗问题。但是不能过多把海军派到这个地方，我觉得应该更多地让中国的安保力量走出去。

在中国的近海，中国海监力量可以起到一定的作用，在印度洋还有中国海军护航编队，但是到更长的距离就应该是有安保公司来衔接和配合。我的一个堂弟是远洋货轮船长，我曾经问过他，他们偶尔会碰到海盗，也非常担忧这种问题。像这些衔接、配合的问题确实是安保公司的一个重点考虑或重点参与的问题。

"中国海监 50"船在巡航

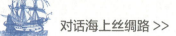
? 为了更好地推进"21世纪海上丝绸之路"的建设，安保公司应该朝哪个方向发展？

吴国华：刚才已经说到这个问题了，我们要解决"海上丝绸之路"护航问题。实际上，海军护航受海域段的影响很大。另外，海盗的规模小，都是小艇，大部分是轻武器，最多100毫米以下的火炮。安保公司的力量足以对付他们，使用轻武器机关枪就完全可以解决了，用不着海军投入大规模兵力解决这个问题。我们需要和海军配合的是信息，海军的稽查能力和安保公司的能力不可同日而语，海军可给安保公司提供一些信息，特别是海盗信息和海盗通过信息。另外，海军要能够快速救援。如果遇到大股海盗，海军可以把他们驱离吓跑。

李杰：信息沟通非常重要，实际上海军在那个地方有卫星，还有自己本身的雷达通信系统和国内的沟通，还有在亚丁湾索马里海域的其他护航编队，比如北约编队、欧盟编队的信息交流沟通，特别是沿途有基地和海上综合补给点，这些岸基的信息系统实际上对海盗的动向掌握得非常及时。再一个，海军有的舰载直升机可能比小艇速度快得多，这样解决问题比较好。国外的几十万吨的油轮，有时候就派四个人护航，甚至因为人手不够就减到两个人来护航，根本对付不了海盗，像刚才吴总说的四面八方一起上，很难对付，只能抵抗半天，要等海军的直升机或者舰船开过去以后才能彻底解围。但是有这四个人或者两个人或者十几个人，比没有强得多，起

中国护航编队的舰载直升机

码能抵抗一阵，能坚持一个小时左右，海军舰船赶到那就行。各种力量一定要相互配合才行。我刚才说的这个问题也从另一个方面说明安保人员非常需要，哪怕在一艘集装箱船或者是超级油轮或者散货轮上有两三个人和没有就大不一样，毕竟船员没受过训练，遇到这种情况时大部分都慌了，所以我觉得安保人员在未来的"海上丝绸之路"是大有可为的。

？　应该说，安保人员对于海外华人和海外企业来说是非常重要的。已经取得国家工商机构批准成立的中国海卫队也将在未来的"海上丝绸之路"中扮演重要的角色，为中国商船等船舶保驾护航。在这方面我们存在着哪些风险和潜在问题？

　　吴国华：刚才说，我们国家的海上安保和陆上安保没有相关政策。我们现在面临第一个困难就是政策支持。安保公司得和所在国家取得联系，通过外交途径来给我们赢得地位。现在是我们自己联系的，八个国家都是我们自己通过中国海联会（中国海外投资联合会）联系的，还没有上升到国家层面去办这个事情。另外，外出的安保企业得有法律上的肯定支持，得有平台，没有平台不成。第三，需要提供信息。一个企业和国家的力量不可比，需要获得灾害、台风等信息。

　　第二个困难就是资金问题。我现在建八个海外安保基地投资一千多万。作为我们的企业，一个劳动密集型微利型企业，已经使出全身解数应对了。下一步想在海外建基地。现在吉尔吉斯斯坦想把苏联原来的旧机器移交给我们，包括武装直升机、轻型装甲车、100毫米火炮、机关枪以及手枪防务器材。作为企业来讲，接这个基地是不可能的，现在只是谈而已，真要接下来就是烧钱，需要大量的资金支持。

　　第三个困难是对接问题。现在走出去的中资企业需要安保，但不知道该找谁。国内的安保公司没有枪，他们又何必用安保公司的人。企业到国外以后，可以聘请当地类似中国武警的安保力量，这在国外是允许出钱雇佣的。这就需要对接，需求者和我们之间需要对接。中国商船出南海，出海第一站就是柬埔寨，在那儿建一个基地就可以解决所有出南海的商船的护航问题。但商船不知道到哪儿来找我？缺乏对接。大部分投资海外的能产生一定作用的企业全是国有企业，我们干安保的国有企业出不去，出去的只是民营企业。国有企业由国资委管，民营企业没人管，缺乏沟通的链条。中国海外投资联合会就做民营企业投资，通过它跟国有企业对不上钩，

互相之间缺乏对接。国家应想办法把国有企业需求安保的信息传给安保公司，同时把安保公司的能力和水平传递给他们才行。

李杰：我个人觉得要加大宣传，改变观念。现在，宣传力度和人们的认识都存

延伸阅读

美国黑水公司

　　黑水公司是美国一家著名的私人军事和安全顾问公司，是与美国国务院合作的三大私人保安公司之一。1997年，由美国海军特种部队"海豹突击队"的几名退役军人组建了该公司，1998年开始正式营业；最初标志为"黑色熊爪"。黑水公司成立之初，只有6个人；"9·11"事件后，业务突飞猛进。从2002年到2005年，公司营业额增长了600倍；仅其在伊拉克工作的雇员就有1 000多人，而黑水的迅速崛起主要得益于战争因素。自2001年以来，已获得超过10亿美元的政府合同。

　　黑水公司组建以来，由于负面新闻不断，不得不在2007年10月改名，从原来的"黑水美国"改为"黑水全球"，并更改公司标志。2009年2月13日，因多名雇员在伊拉克卷入枪杀平民的丑闻，黑水公司被迫宣布将放弃原名"黑水"，改名"Xe"公司；而其之前的合约执行期也被限制到2009年9月为止。但事实上，黑水公司很快就恢复了业务，当初的大部分雇员也基本没有离开伊拉克，而是继续向美驻伊外交官提供保安服务。

　　黑水公司总部隐藏在美国北卡罗来纳州东北部一片松林里，占地约28平方千米，外面很难发现。公司里面建有各种逼真的训练场地，如射击场、模拟扣押人质的楼房、武装分子占领地堡等；由于设备非常先进，美国海军陆战队也时常在这里训练。现在，该公司的训练中心已成为美国最大的私人保安人员训练中心，在那里受过训练的人员超过5万。公司也已发展成为涵盖培训中心、武器靶场系统、警犬训练公司、空中警卫公司、海事公司、装甲车公司、安全顾问公司等多家子公司。除为军方、政府执法与安全部门提供战术和武器训练外，训练中心每年还定期提供几种开放招生课程，包括徒手搏斗、步枪精确射击等。武器靶场系统则像各专业公司提供和维护各种武器

在一些误区。私营企业还是国有企业，我个人觉得无所谓，像美国黑水公司等都是私营企业，但是美国的国有企业和私人机构需要安保时首先想到的是黑水公司。我们一定要加强宣传，只要符合国家利益、不违法甚至能够为国家提供更好的安全上的保护和利益上的保护，我们何乐而不为。这个观念要转变，要加强这方面的宣传。

射击用的钢靶系统。警犬训练公司侧重负责训练警犬各项技能，例如参加城区巡逻、探测爆炸物、搜寻毒品，以及其他军方和执法部门所需要的能力。空中警卫公司装备有诸如"小鸟"型直升机，并被编入公司快速反应部队。黑水海事公司主要为各种海事保卫部队提供海上战术训练。装甲车公司通过实战研究，推出了适合他国战场特点的专业装甲运兵车，如"灰熊"系列装甲车；此外，它还能为客户量身定制其他装甲车，如英国"曼巴"型装甲车。

黑水公司主要雇佣美国军队的退役军人和警察，也招收部分身强力壮的志愿平民。这些人年纪轻、身体好，文化程度也高。经过一定专门、系统地训练，很快能成为高级武装保安人员；他们工资收入很高，每天有几百美元，甚至上千美元。黑水公司为了从现役部队中挖掘更多的人才，如特种部队的教官和高级军官，经常不惜出年薪达十几万的高工资。

目前，黑水公司有数千名雇员分布在全球许多国家，还有2万名雇员随时待命，数十架飞机严阵以待。其服务客户不仅包括美国国务院、国防部、国土安全部、运输部、联邦执法部门等，也包括诸多跨国公司和外国政府机构等。

美国政府档案显示，2004年6月以来短短几年，布什政府支付给黑水公司的"全球外交保安服务费"就达3.2亿美元。不少专业人士认为，黑水公司业务的拓展，盈利的成功，实际上完全依附于美国政府的资助。伊拉克战后很长一段时间，有12万人受雇于像黑水公司这样的私人安保公司，数量几乎和驻伊美军的总数相当。2007年2月24号，美联社一篇报道引起世界广泛关注："4年来，有3 200多名美军士兵阵亡这个消息并不全面；还有800多名为美军提供服务的雇佣兵丧命，另有3 000多人受伤。"这番话，从一个侧面道出了美国黑水公司为美国战争所付出的"代价"！

中国建造的最大 LNG 船

我们中国的安保公司一定要做强做大，小、多、散，影响力就不够，而且要宣传中国的这些安保企业绝对比国外公司要可靠，比如中资企业雇佣中国的安保公司人员比雇佣黑水公司的人员要可靠。你雇一个外国人，中国老板带外国保镖，外国保镖的观念和你的观念可能不一样，打完子弹说不定就投降了，而中国安保人员就可能舍身或拼死来保护企业或者领导的安全。

吴国华：对接方面，既然国家没有这个行为，我们就自己想办法，在海外建安保基地。大家都知道巴基斯坦，中国建中巴经济走廊，240 亿的投资，这么大的利益谁来保护？如果我在巴基斯坦建了安保基地，所有投资中巴经济走廊的企业就不会再用英国、美国、德国的安保公司，很可能找我去，无形中就完成了对接。刚才李老师提到的黑水公司，在世界不是规模最大的，但是绝对的老大。黑水公司有美国政府背景，组建之初，美国政府拨了 4.7 平方千米的土地建基地，3.2 亿美元支持，这才有了今天的业绩。它伴随美国军队的行动，不搞商业，不为商业企业服务，主要跟在美国军队后面，替美国军队的差错买单。杀了几个伊拉克平民，就说是黑水公司干的，黑水公司赔钱道歉，跟军队无关。我们不去侵略别人也不去和别人打仗，就是要维护我们国家的海外利益，维护中资企业的海外安全，性质是不一样的。但是我国政府还没有达到美国政府支持的力度，如果有那个力度，我认为担负起责任是没问题的。

李杰：在海外的中国企业和中国机构也要有这种观念。雇佣安保公司表面上看会掏一些钱，付出一些代价，但是长远来看，对整个公司的利益是有安全保障的。举一个很简单的例子，亚丁湾索马里海域曾经发生过几次船被扣事件，要的赎金都是天价。出了这些事，这个赎金谁来出？如果平时就把这些钱投入到安保事业上头，那可能就解决了问题，就会带来长治久安。